本能寺の変 秀吉の陰謀

井上慶雪

祥伝社黄金文庫

まえがき

「本能寺《ほんのうじ》の変」とは天正十年（一五八二）六月二日の早暁《そうぎょう》、五月二十九日から少人数の供《とも》廻《まわ》りで本能寺に宿泊していた織田信長《おだのぶなが》を、家臣の明智光秀《あけちみつひで》が一万三千の兵で攻めて信長を自害に追い込んだ事変（享年四十九歳）……ということになる。

ではなぜ光秀が、主君・信長を討ったのか……ここにその「定番」がある。すなわちNHKの人気番組だった『その時歴史が動いた』の常套説《じょうとうせつ》、松平定知《まつだいらさだとも》キャスターの語りである。

「徳川家康《とくがわいえやす》 饗応《きょうおう》の接待役を明智光秀は不興を買い突如罷免され、毛利《もうり》軍と戦う羽柴秀吉《はしばひでよし》の許《もと》に駆けつけて加勢せよと命じられた。そして『丹波《たんば》・近江《おうみ》は召し上げ、出雲《いずも》・石見《いわみ》は切り取り次第』の上意が出される。この理不尽な国替え、そして秀吉の部下にされた屈辱。それは今まで信長に尽くして来た光秀にとって許しがたい仕打ちであった。そこに信長を亡き者にしようとしていた黒幕が、この光秀の動揺に目を付けて、光秀の肩を押したのである」（二〇〇四年四月二十一日放映、「信長暗殺を命じた男～新説・本能寺の変　浮上した黒幕～」）

とにかくこれが「本能寺の変」の、まったく定番中の定番といっても決して過言ではないほど流布されて、ほとんどの『大河ドラマ』でもこの式次第に乗っ取ってドラマが進行する……だから「金太郎飴」のように、誰が書いても誰が演出しても、切り口は一緒なのである。

・では本当に光秀に、家康饗応の失態があったのか……これは事変から四十年後に世に出た『川角太閤記《かわすみたいこうき》』にしか載っていない記述である。

・またこんな理不尽な国替えの上意を信長が発令したのか……これも事変から百二十年後に書かれた『明智軍記《あけちぐんき》』にしか載っていない記述である（そこで堪《たま》り兼ねた私は、当時のNHK・橋本元一《はしもとげんいち》会長に糺《ただ》した折、番組担当チーフプロデューサー氏から苦しい回答を得、その後NHKでは、独自では使われなくなっている）。

つまり「本能寺の変」とは江戸中期に至り、『信長公記《しんちょうこうき》』に端を発し、『川角太閤記』で潤色（脚色）され、『明智軍記』で完成した……明智光秀を信長殺しの主人公に仕立てた「歴史認識における固定観念」だったことに気付くのである。

　とにかく、◇徳川家康饗応の失態から、◇理不尽な国替え、◇光秀・小栗栖《おぐるす》で農民の竹槍に刺されて落命……に至るまでの数々の歴史事象をピックアップして行くと、「本能寺の変」の偏《かたよ》った歴史事象の大半が、この三冊から出来《しゅったい》していることに気付き唖然《あぜん》とする（光秀は小栗栖で刺殺されていない。これは『明智軍記』のみの創作であり、詳細は169ページ参照）。

　だが歴史は時代とともにその見方、解釈が変わって来るものである。今我々の書斎には、「本能寺の変」に関するありとあらゆる書誌・史料が山積している恵まれた環境にいるが……残念ながらすべてを生かし切っていない。実証史学に基づくプロセスを踏んでいない。

　歴史事象を固定観念のみで捉《とら》え、いとも簡単に鵜呑《うの》みにしてはいけない。歴史家とは、コロンボ刑事のようなものだ。この「本能寺の変」も、根気よく執拗《しつよう》に何回でも洗い直してみなければならない。

　つまり散在するジグソーパズルのピースの諸断片を、実証史学というスケーリングに通して、虚心に辛抱強く組み合わせて行くと、そこには自《おの》ずと「当該事件」の真実の構図が浮かび上がって来るものである。

かくして私はここに「明智光秀は冤罪《えんざい》！　織田信長謀殺の犯人は羽柴秀吉だ！」と獅子《しし》吼《く》いたす次第である。「何たる荒唐《こうとう》無稽《むけい》な歴史論だ！」とご叱責なさる読者諸氏も多々おられると思うが……まずはご高覧の上、ご吟味のほど切にお願いいたしたい。

また本書は、平成二十五年（二〇一三）に出版した四六判をこのほど文庫版に改訂するにあたり、新たに入手した史料の分析を加え、約50ページほど加筆したものである。

井上慶雪《いのうえけいせつ》

目次

第一章――その時、秀吉はどこで何をしていたのか　35

第四章――「日記」が語る、秀吉の陰謀

カバーデザイン　フロッグキングスタジオ
カバーイラスト　瀬知エリカ

序章

光秀は濡れ衣を着せられた

●実行犯は光秀ではない

『広辞苑』(第六版)で「本能寺の変」を引いてみると、次のように定義づけている。

〈一五八二年(天正一〇)織田信長《おだのぶなが》が備中高松城《びっちゅうたかまつ》包囲中の羽柴《はしば》(豊臣《とよとみ》)秀吉《ひでよし》を救援しようとして本能寺に宿泊した時、先発させた明智光秀《あけちみつひで》が叛逆して丹波亀山城《たんばかめやま》から引き返し、信長を襲って自刃《じじん》させた事変〉

つまり「本能寺の変」とは太陽が東から昇るがごとく、「初めに光秀の謀叛ありき」から出発している事変なのだ。

だが私は、こうした「定着した解釈」を本書でことごとく覆《くつがえ》すつもりである。

最初に明言しておくが、明智光秀は冤罪《えんざい》である。

だからといって、最近主流となっている説、すなわち〝信長を亡き者にしようとしていた「黒幕」が光秀の葛藤《かっとう》に目を付けて肩を叩《たた》く〟説に与《くみ》するものでもない。

余談ながら、この黒幕に関しては、「朝廷黒幕説」「足利義昭《あしかがよしあき》黒幕説」「イエズス会黒幕説」、さらに「斎藤利三《さいとうとしみつ》煽動《せんどう》説」や「徳川家康《とくがわいえやす》黒幕説」まで、さまざまな揣摩《しま》臆測《おくそく》が飛び交っているようだ。

かつて、NHK『その時歴史が動いた』で、進行役のキャスターはこう発言した。「実行犯が明智光秀であることだけは、はっきりしているのですが、それでは一体誰がその肩を叩いたのか……」

当時NHKは、三重大学教授・藤田達生《ふじたたつお》氏が主唱する「足利義昭黒幕説」を遵奉し、二回にわたって放映していた。

本書では、このような「黒幕」の存在も否定する。黒幕の指示によって光秀が行なったわけではない。実行犯は別にいる。端的に申すならば、豊臣秀吉が組織した明智軍を名乗る擬装軍団が、織田信長父子を弑逆《しいぎゃく》したのである。

すなわち、本書で私が述べたいのは次の二点である。

・「本能寺の変」において、光秀は完全な冤罪。
・実際はすべて秀吉が仕組んだことであり、実行犯は秀吉が組織した軍団。

このように冒頭で言いきってしまうと、「まさか」「あまりにも常識と違いすぎる」「筆者は日本史のことを知らない素人《しろうと》では」といった反論を抱かれる読者も出てくると思う。

しかし、歴史事象を固定観念で捉え、いとも簡単に鵜《う》呑《の》みにしてはいけない。「歴史認識における固定観念」に囚《とら》われてはいけない。

散在する重要なジグソーパズルのピースの断片を虚心に組み合わせていくと、そこに自《おの》ずと「本能寺の変」の真実の構図が徐々に浮かび上がってくるのだ。

私はそれを、逐次解明していきたい。

●『信長公記』のクライマックスシーンに複数の間違いが

まずは「本能寺の変」のクライマックスを、織田信長の一代記として名高い『信長公《しんちょうこう》記《き》』（榊山潤《さかきやまじゅん》訳）を基《もと》に再現してみよう。

〈昨日の雨もあがった曇り空の天正十年（一五八二）六月二日、それは「寅の刻の一点」。今まさに夜が明けようとしている、しかしまだ明けていない、白んでもいない。

その刻分、織田信長の重臣・明智惟任日向守《これとうひゅうがのかみ》光秀が率いる一万三千の兵が、四条坊門西洞院《にしのとういん》の「本能寺」をびっしりと取り囲んでいた。

まだ信長は何も知らずに、深々と眠りに入っていた。夢は、昨日の「朝茶会」に招いた博多《はかた》の豪商茶人・島井宗室《しまいそうしつ》から献上を約された、念願の大名物《おおめいぶつ》茶入「楢柴肩衝《ならしばかたつき》」で点前《てまえ》する己の姿か……だが信長は突如、現実に揺り起こされる。時ならぬ矢叫びと鬨《とき》の声、鉄炮の炸裂《さくれつ》する音〉

この次が、有名な「是非に及ばず」の一節である。

「是ハ謀叛歟、如何ナル物ノ企テゾト御諚ノ処ニ、森乱《もりらん》申ス様ニ、明智ガ者ト見エ申候ト言上候へバ、是非ニ及バズト上意候」

〈信長公が「さては謀叛か、いかなる者のしわざか」とお尋ねになったところ、森乱（蘭《らん》丸《まる》〈長定《ながさだ》〉が、「明智の手の者と思われます」と申し上げると、「やむをえない」と覚悟なされる〉

これに続いて、

〈信長公ははじめ弓を取って、二つ三つととりかえひきかえ、矢を放たれたが、いずれも時が経つうちに、弓の弦《つる》が切れてしまったので、その後は槍を取って戦われた。しかし御ひじに槍傷を受けて、引き退かれる。それまでおそばに女中衆が付き添い申していたが、「女たちはかまわぬ、急いで脱出せよ」と仰《おお》せられて、女たちは御殿から追い出されたのであった。

すでに御殿に火がかかり、燃えひろがって来た。最後のお姿を見せまいと思われたのであろうか、殿中深くお入りになって、中からお納戸《なんど》の戸口にカギをかけ、あわれにもご自害なさったのである〉

このように、太田牛一《おおたぎゆういち》編纂の『信長公記』(榊山潤訳)は生々しく描写している。

しかし、たったこれだけの文章から「歴史認識における固定観念」を覆す三つの大きな謎《なぞ》が見えてくる。

すなわち、

①一万三千の兵
②是非ニ及バズ
③太田牛一

以上の三点である。以下に詳述する。

●明智軍は「一万三千の兵」ではなかった

「本能寺の変」の謎の一つは、「明智軍一万三千の兵」である。

この軍勢で六月一日夕刻に亀山城を発ち京に向かって夜中の行軍をし、二日の早暁《そうぎょう》、本能寺を取り囲み信長を討ったと、通説では書き立てている。

だが光秀には本来、一万三千の兵があるわけがないのだ。

江戸時代の記録（浅野《あさの》家史料）では江州《ごうしゅう》坂本《さかもと》二十一万石、亀山五万石、福知山《ふくちやま》三万石

で、兵力に換算すると光秀の直領は六千人弱。しかも各地歴戦で消耗しているから正味五千人程度だったはずである。

「一万三千の兵」といえば少なくとも五十万石クラスの軍勢であり、五万石の亀山城から十倍もの大軍勢が出立できるわけがないのである。

ではなぜ「一万三千の兵」になったのか。

虱潰《しらみつぶ》しに史料を漁《あさ》ってみたところ、俗書として名高い『川角太閤記《かわすみたいこうき》』にのみ、この「一万三千の兵」が載っていた。歴史家・作家の諸氏は知ってか知らずかこれに倣《なら》っていたのである。

同書では、光秀が亀山を出立して、〈さっそく亀山の東の紫野《むらさきの》へ出られたときは、早くも午後六時ころになっておりました。(日向守)自らも馬を乗りまわして軍勢三段に備え、「この人数はどれくらいおるだろうか」と、斎藤内蔵助《くらのすけ》にお聞きになったので、「内々御人数ですが、一万三千はございますと見ております」とお答え申し上げたということです〉(志村有弘《しむらくにひろ》訳)と、ここで「一万三千の兵」が出て来るのだ。

それがいつしか「明智軍一万三千の兵」と定着したのだろう。しかも一軍の大将たる者が、すでに亀山から京に向かって進軍している最中に、急に思い立って自軍の軍勢の数を改まって聞き直す能天気ぶりである。

さらに言えば、同書は元和八年（一六二二）に初めて世に出たものだから、世に普及したのは明治に入ってからであろうと思われる。

また誰しもが「一万三千の兵」といとも簡単に言うが、一万三千人がはたしてどれほどの規模なのか、実感を伴って述べる人はほとんどいない。

たとえば人気アーチストのコンサートを行なう東京・九段にある日本武道館の一階席、二階席、そして三階席と立見席の合計が一万一千五百二十五席である。一万三千の明智軍は武道館に入りきらないということになる。「一万三千の兵」とはかくも厖大《ぼうだい》なグロスとなるのだ。

ところが、「本能寺の変」を扱ったほとんどの歴史家・作家諸氏が、何の疑いもなく「明智軍一万三千の兵」を採用している。

大雨後の昼なお暗い丹波街道を、一万三千の大軍での夜中行軍。しかも山頂に近い道だから、おそらくは人二人が並んでやっと通れるほどの幅だったはずである。士兵はなんとか我慢して行軍もするだろうが、三百頭近い騎馬団の深夜、太陰暦一日の、まったく月明かりのない闇夜の山越えは、とうてい無理である。馬は臆病《おくびょう》で気が荒く、まして去勢していない発情期に当たる馬の扱いは手に負えない。

また、途中の沓掛《くつかけ》で行列順に休息をとり、夜食を食べたのだろうが、作家の八切止夫《やぎりとめお》氏の考証によれば、

〈一万三千の軍勢がはいそうですかと急に出発することはできない。万余の軍勢を動かすにはそれなりの準備がいる。この一万三千は喰わせねばならない。仮に夕食一回、夜食一回、朝食一回、一人一回二合として七十八石、丹波米は三斗が一俵、合計では二八〇俵の米を炊きだして握飯にして喰わせたり持たせたりしなければ、これだけの人間は動かせない……〉(『信長殺し、光秀ではない』作品社)

としている。

食料だけではない。出陣に必要な鉄炮の火薬の配分をどうするのか。

火薬は湿気《しけ》ないように一括して保管されているから、それを一発ずつの少量の紙薬莢《やつきよう》に分配して持たせなければならない。鉄炮隊の人数がたとえ少なくても、これは大変な作業なのである。

したがって、

〈六月一日、夜に入って、丹波の亀山において惟任日向守光秀は信長公への謀反を企て、

明智左馬助《さまのすけ》（秀満《ひでみつ》）・明智次右衛門《じえもん》・藤田伝五《ふじたでんご》・斎藤内蔵助（利三）らと相談して「信長を討ち果たして、天下の主となろう」と謀りごとを企てた〉（『信長公記』榊山潤訳）

などと、咄嗟《とっさ》の機会を捉えただけで決行できるものではない。

つまり実証史学で結論づければ、

・明智光秀には「一万三千の兵」があり得ないこと。

・仮にあり得たとしても、亀山から京までの夜中行軍は不可能であること。

と断言する。

不可能なことは、あくまでも不可能なのだ。

●信長は「是非に及ばず」と言っていない

すなわち、

謀叛を知った時、信長は呻《うめ》くように「是非に及ばず」（仕方がない）と言ったとされる。

「これは謀叛か！」（信長）
「はい、明智が者が」（森乱丸）
「そうか、是非に及ばず」（信長）
という流れであって、「ええっ！　まさかあの光秀が！　なぜだ！」という驚愕《きょうがく》の響きではない。信長ほどの武将が、「そうか、光秀か、やむを得まい」とあっさりと覚悟を決めてしまった。
これは、信長が今まで何度も光秀を虐《いじ》め抜いて来たので、こうなることは当然の結果と一瞬のうちに諦《あきら》めの境地に達したのであろう——と考えられている。
そうではない。
信長は本能寺で「是非に及ばず」という言葉を発していないのである。いや、仮に発したとしても、誰も聞いていない。
これはあくまでも『信長公記』の著者である太田牛一の創作であり、「その時信長公は、恐らくかくありなん」という、まったくの虚構なのである。
実は元亀元年（一五七〇）、信長は朝倉《あさくら》（義景《よしかげ》）攻めの際、義弟・浅井長政《あざいながまさ》の裏切りに遭って挟み撃ちの状況下に置かれ、まさに絶体絶命、窮鼠《きゅうそ》の境地に追い込まれたが、この時に「是非に及ばず」を発しているのだ。「本能寺の変」から遡《さかのぼ》ること、十二年前である。

太田牛一も、『信長公記』巻三で次のように記している（いわゆる『金ヶ崎退《の》き口《ぐち》』）。

〈信長公は越前《えちぜん》の敦賀《つるが》に軍兵を繰《く》り出された。（略）ついで木目《きのめ》峠を越えて若狭《わかさ》の国にどっと攻め入る手はずであったが、江北の浅井備前守《びぜんのかみ》が背《そむ》いたとの知らせが、つぎつぎと信長公のもとに伝えられた。（略）寝返り説は虚説であろうと思われたのであるが、方々から「事実である」との知らせが伝えられて来るのであった。

ここに至っては「是非に及ばず」と撤退を決意され……〉（榊山潤訳）

太田牛一はこの時の記述に倣って、万事休する「本能寺」の極限でも、信長をして再度、「是非に及ばず」と言わしめたかったのだろう。だから二番煎じも甚《はなは》だしい。

●『信長公記』の著者、太田牛一は現場にいなかった

さて、上記のとおり「是非に及ばず」は太田牛一の創作に過ぎないが、ここで一番問題

になるのは、「本能寺の変」当日、太田牛一はそもそも京都にはいなかったということである。

出張先の加賀《かが》の松任《まっとう》で事変を遅れて聞き、あわてふためいて京都に戻るものの、到着したのは約一週間後。本来、現場主義に徹すべきルポライターが生々しい現場を全然体験していなかったのだ。当然のことながら、最期の場で信長が何とつぶやいたか、聞けるはずがない。

失地回復を目指すルポライター・太田牛一は、遅ればせながら精力的に事変後の聞き込み調査を開始する。そして、「女共、この時まで居り候て様躰見申し候と物語り候」と書いている。

つまり、信長の本能寺入りから自害まで側近くにいたという「女共」から徹底的に取材をして確固たる事実を掌握した、と逃げを打っているのである。

さらに、

〈信長がしばしの間、弓・槍を取って防戦し〉それまでおそばに女中衆が付き添い申していたが、「女たちはかまわぬ、急いで脱出せよ」と仰せられて、女たちは御殿から追い出さ

れたのであった〉（榊山潤訳）

と、その「女共」をも『信長公記』に再現しているのだ。

では、この「女共」とは何者なのか。「本能寺の変」まで信長の身辺についていたというが、厨房の奥深くの下働きの四、五人の女ならいざ知らず、際立った「女共」はほとんど皆無だったはずである。

なぜなら四十九歳の信長の身辺の世話は、お気に入りの小姓たちで事足りるし、一年ぶりの上洛（天正九年〈一五八一〉二月以来）も、今回は中国攻めの先立ちであり、なおかつ島井宗室との「本能寺茶会」が何よりも優先すべき事柄だったからである。

実際、信長最期の夜となる六月一日は雨もあがり、警固担当の嫡子信忠《のぶただ》が近くの妙覚《みょうかく》寺《じ》から訪れて打ち合わせをし、本因坊《ほんいんぼう》と碁に興じ、早朝からの「朝茶会」で疲れたせいか早めに床に就いていた。

何よりも決定的なことは、『信長公記』が成立し世に出たのは慶長十五年（一六一〇）二月、池田輝政《いけだてるまさ》に贈ったのが最初という事実である。「本能寺の変」から二十八年後、徳川家康の死の六年前である。しかも、現存する『信長公記』は三冊だが、当時は印刷技術などなくすべてが写本だったから、最終的には何冊あったのか、はたまた誰が読んだのかもわからない。

そう考えてくると、「是非に及ばず」という名台詞はいつごろから人口に膾炙《かいしや》されるようになったのだろう。意外に近年になってからのことかもしれないのだ。

●「本能寺本堂の前で奮戦する信長」も虚構だった⁉

『本能寺と信長』（思文閣出版）の著者・藤井《ふじ》学《まなぶ》氏は、

〈（本能寺は）北は六角、南は四条坊門、東は西洞院、西は油小路によって区切られ、周囲をぐるっと廻ると、四町（約四四〇メートル）の長さがある寺地だった〉

と記述し、かつこの一隅の居館を「御成御殿」と呼んでおり、本能寺の堂宇《どうう》とは一線を画している。

また、最近、旧・本能寺跡の一部の発掘調査が進み、新たに判明したことがある。二〇

○七年八月七日付の京都新聞に寄稿の今谷明・国際日本文化研究センター名誉教授によると、〈織田信長が宿泊していたのは寺の建物ではなく、ごく小規模な専用御殿であり、「建物は最大四十メートル四方クラス」らしい。予想外に簡素だった理由については、「大坂本願寺《ほんがんじ》に移る予定だった」と推定されテレビドラマで繰り返し放送される大きな本堂前で奮戦する信長は、虚像の可能性が高くなった〉ということである。

そうすると、信長が白綸子《りんず》の寝巻スタイルで弓を射ったり、槍を振りかざして奮戦したりといったあのお馴染《なじみ》の名場面も、ルポライター・太田牛一が描写する単なる虚像に過ぎなかったということになる。

●しかも信長は、本能寺にたった二回しか宿泊していない！

さて信長が上洛した折には、必ず「本能寺泊」と決めつけられる方々が多いと思われるが、実は信長の約五十回の上洛中、天正年間の「本能寺泊」はたった二回（厳密には十二年前の元亀元年（一五七〇）八月と九月の二回があるが、これは問題外）。

すなわち、この二回が信長最後の上洛になる天正十年五月二十九日と、一年前の天正九年三月二十日。その前はというと通常は「妙覚寺泊」の約二十回、誠仁《さねひと》親王に献上する前の「二条御所（二条御新造）泊」が十四回、「相国寺《しょうこくじ》泊」が六回という状況である。

だから「本能寺泊」は、今谷《いまたに》明《あきら》氏の大坂本願寺跡説を見据えた「ごく小規模な専用御殿」となるのだ。

つまり信長は、あらゆる機能が集中している石山本願寺跡地が城郭を築くのに最適な拠点と認識しており、織田（津田《つだ》）信澄《のぶすみ》、丹羽《にわ》長秀《ながひで》の二人を普請《ふしん》奉行として当たらせ、事変当時すでに工事が八分通り竣工していたらしい（光秀の娘婿《むすめむこ》・織田信澄は事変後、この城で織田信孝《のぶたか》に殺されているし、結局は後々、秀吉が大坂城築城の漁夫の利を得るわけである）。

ところが信長が上洛すれば「本能寺泊」という固定観念があるせいか、本能寺に深い溝を掘らせたり、土塀を高く積み上げてすっかり城塞化させてしまいたがる風聞《ふうぶん》（『信長公記』）もあったようであるが……歴史認識の解釈を先行させるのであれば、あくまでも「大坂城」が竣工するまでの、たまたま、たった二回の「仮御殿泊」だったに過ぎなかったのだ。

だがこの本能寺の地下に火薬庫を設えた《しつら》として、津本《つもと》陽《よう》氏の『覇王の夢』では本能寺爆発説を採っており、信長の躰《からだ》は天空に舞いあがりそのために遺骸が見つからなかったとする。さらに加藤廣《かとうひろし》氏の『信長の棺』では、本能寺から約百メートル先の南蛮寺まで隧道《ずいどう》（トンネル）が掘ってあり、信長が脱出を図った……という奇想天外なストーリーになっている。

しかも今回は特に嫡子の信忠が、信長警護の目的で「妙覚寺」にすでに詰めており、たまたま昨年同様に本能寺に泊まっただけである。つまり謀叛の時期が早まったとしたら、事と次第によっては「妙覚寺の変」として歴史にその名が残った可能性もまったくなかったわけではない。

というわけで、歴史事象を固定観念で捉え、簡単に鵜呑みにしてはいけない。『信長公記』をたった数ページ読んだだけで、これだけの「歴史認識における固定観念」が出てくるのだ。『信長公記』は史料性が高いと言われてきた。だが私が、その虚構を指摘したように、「常識」は常に覆される運命にある。

余談だが、新聞報道によると、二〇一四年から使われている日本史の教科書（清水書院）には、「聖徳太子《しょうとくたいし》は実在したか」というコラムが載っている。

憲法十七条や冠位十二階といった、これまで聖徳太子の実績とされていたことは断定できない、有名な肖像画も本人のものであるという根拠がない、といった内容である。

また、別の日本史の教科書（東京書籍）には、「江戸幕府は『鎖国』をしていたか」という特集ページが載っている（いずれも朝日新聞二〇一三年三月二十七日夕刊より）。

つまり、これまでの教科書に載っていた「常識」を疑う記述が続々と掲載されるわけで、「歴史認識における固定観念」に囚われてはいけない、と一貫して主張している私は大いに意を強くしている。

本書で私が述べている「常識」を疑う記述も、数年後の教科書には載っているかもしれないのだ。

次章からはいよいよ、「本能寺の変」における「固定観念」を徹底的に追究していく。

第一章

その時、秀吉はどこで何をしていたのか

●秀吉の「高松城水攻め」は虚構だった

本章では、「本能寺の変」前後の羽柴秀吉の行動を、「歴史認識における固定観念」に囚われることなく検証していきたい。

その結果、あまりにも不可解な言動の多さに驚かざるを得なくなる。これらを合理的に説明するには、序章に述べたように、「秀吉こそが『本能寺の変』の犯人である」という結論にならざるを得ないのである。

「歴史認識における固定観念」の最たる例として、まず、秀吉による「備中高松城の水攻め」を挙げる。いうまでもなく、天正十年（一五八二）五月七日、中国攻めの羽柴秀吉が高松城に立ちいたり、「この城は平城《ひらじろ》であるが三方が山で囲まれ、池沼や新田が連なる低湿地で、自然の要塞さながら難攻不落の城である」と判断し、軍監《ぐんかん》・黒田官兵衛《くろだかんべえ》の献策を容《い》れて「水攻め」に及んだことを指す。

秀吉は驚天動地の策を立て、「蛙ケ鼻《かわずがはな》」付近から「小山村」を経て「死越村」の約三キロにわたる厖大《ぼうだい》な堤防を築き、折からの梅雨時の水嵩が増す足守川《あしもりがわ》を堰《せ》き止めて、擂《す》り鉢状の地帯に水を注ぎ込み湖水と化して、全体を浮城にして兵糧攻めにしようとしたというのだ。

この厖大な築堤に際し、「土俵一俵につき銭百文、米一升」と地元民を煽《あお》り、昼夜兼行の突貫工事を敢行し、しかも「米・六万三千五百石余り、銭・六十三万五千貫文余り、使用土俵・六百三十五万俵余り」を要した大工事の末、わずか十二日間の工期で完成したという、誰しもが周知の歴史的真実ということになるわけである。

しかし結論を先に言ってしまえば、大工事による高松城の水攻めは、実は行なわれていない。

このような大工事の模様が長く伝承されてきたのだが、それが「史実」となったのは、昭和五年（一九三〇）十一月十六日、昭和天皇が岡山で行なわれた陸軍特別大演習にお出ましになった時のことである。

その折、高松農学校で郷土の歴史家・高田馬治《たかたうまじ》氏が「御前講義」の栄誉に浴した。高田氏は多年にわたり「高松城水攻め」を研究してきたが、その成果を昭和天皇の御前で披露した。以来この「秀吉神話」が定説として罷《まか》り通るようになり、吉川英治《よしかわえいじ》、山岡荘八《やまおかそうはち》、司《し》馬遼太郎《ばりょうたろう》などがこの定説に華を添えたのだ。つまり挙国一致体制の折柄、不可能を可能にする国民一致団結による未曾有《みぞう》の大事業達成が喧伝《けんでん》されるようになったのである。

ちなみに「本能寺の変」も、主君に叛《そむ》く逆臣・明智光秀を厳しく糾弾して、勧善懲悪《かんぜんちょうあく》の精神に伴い、国家的高揚にも大いに利用されて来たのだ。いささか余談になるが、私と同じ「明智光秀公顕彰会」に、明智光秀末裔《まつえい》の明智氏という会員がいて、主殺しという極悪非道の臣であることを盾に取られ、徴兵検査の際に軍部から、

「明智！ 貴様は死んでこい！ 死んで国家にお詫《わ》びしろ！」

といわれたと聞き及んでいる。

ともあれ、「高松城水攻め」は、昭和天皇への「御前講義」を機に、単なる古文書上の伝承から「確かな歴史事象」になったと思われるのである。

さらに言えば、今上陛下も皇太子時代の昭和二十四年（一九四九）四月二日に高松城を見学され、やはり件《くだん》の高田馬治氏から説明を受けられている。

●一枚の写真に現われた、水に沈む城

　ところが土木工学専門家・額田雅裕《ぬかだまさひろ》氏は、「備中高松城水攻めの虚と実」という論文の中で、「古文書の通り築堤すると、十トンのトラック延べ六万四千台分の土量を移動することになり、総工費も約二百七十億円程かかり、現代の土木技術をもってしても十二日間では到底不可能」と断言している。

　それにもかかわらず、秀吉の「高松城水攻め」は、足守川の激流を堰き止めるべく石を積んだ船を何艘も沈めたりして「土俵一俵につき銭百文、米一升」を支払い十二日間で完成したとなっているのだが、これは一体どういうことなのか。

　高松城址研究家・林信男《はやしのぶお》氏の長年の調査研究と、一枚の写真がその真相を解明した。

　林氏は高松城址の旧本丸に入る地籍で和菓子司「清鏡庵《せいきようあん》」を営む郷土史家である。地元の利を生かして永年「高松城水攻め」の虚実を研究し、昭和六十年代に前後して岡山市教育委員会や、高松農業高等学校農業土木科の相次ぐ調査・測量を主導し、「高松城水攻め」の実態はなかったという「林理論」を立証している。

昭和六十年（一九八五）六月二十五日の同地方を襲った洪水時に林氏が撮影した写真を見ると、高松城本丸とおぼしき建物がほぼ冠水寸前になっている。ここに、四百三十三年前に浮城となった高松城が再現されていたのである。

高松城は三方が山で囲まれた擂り鉢状の低地で、ひとたび洪水が発生すると城が冠水寸前になる立地条件だったのだ。

しかも、「水攻め」があったとされる陰暦の天正十年四月二十九日から五月五日の六日間は、古記録では毎日雨が降り注ぎ、山口大学の山本武夫《やまもとたけお》名誉教授（気象学）の調査によれば、降雨量は二百ミリを超えていたと報告されている。

五月七日に秀吉軍が高松城を囲むと、どうなるか。

林氏撮影の写真（42ページ〜43ページ上段）のごとく、連日降り注ぐ霖雨《りんう》で高松城本丸はほぼ冠水状態になっていたはずである。足守川の水など一滴たりとも注ぎ込まれていない。つまり、雨だけで「高松城水攻め」の図式が完成していたのだ。

あとはこの水が退《ひ》かないように、「蛙ヶ鼻」付近の「水通し」、すなわち水の捌《は》け口を塞《ふさ》げば兵糧攻めの目的が達成されるわけで、世にいう驚天動地の厖大な三キロの築堤など必要もなく、わずか三百メートルほどの水塞ぎ工事をすればよいわけだ。これならば十二日間の工事で充分に間に合う（吉川家文書《きつかわけもんじょ》【下口《しもくち》ヲツキ塞ギ責申候】）。

昭和期に入ってからの軍部の煽動《せんどう》は別として、では、いかなる理由で羽柴秀吉は、まことしやかにこの「高松城水攻め」の、ありもしない実態を喧伝《けんでん》したのだろうか。

どうやらそれを解明する糸口は五月十七日、安土《あづち》城の織田信長の許《もと》に送った秀吉の早馬にありそうだ。

「高松城を水攻めにしたところ、毛利《もうり》軍が五万計《ばかり》の大軍で救援に押し寄せましたので、上様（信長）にも御出陣、御来援のほどを」

と要請しており、実にこの早馬こそが「本能寺の変」の発端として非常に重要な役割を持っていることを、まずは銘記していただきたい。

不可思議なことに秀吉は、同時進行の形で毛利方と独自の講和も進めている。すなわち、一方で信長に出陣を要請しておきながら、片方では信長に無断で密《ひそ》かに毛利方と「五カ国割譲《かつじょう》」（毛利領である伯耆《ほうき》、美作《みまさか》、出雲《いずも》、備中、備後《びんご》の中国五カ国の割譲を講和条件とした）の講和を進める。そこに秀吉の、いかなる意図が存在していたのか。

それを論じる前に、危機に陥った高松城の援軍としてここに登場する、毛利軍を見てみたい（林信男氏は史料を私に託し、平成二十四年に九十四歳で遠行）。

このように大規模な堤防がなくとも水攻めは自然現象として起こりうるものだった。

「水攻め」はなかった

●秀吉と小早川隆景との接点は

自然災害によって「浮城」の状態に晒《さら》され、かつ秀吉によって完全包囲され、糧道も断たれた高松城主・清水宗治《しみずむねはる》は、主家である毛利家に救援を請うた。

その忠臣の請いに応じた毛利三軍は、「風林火山」の譬《たと》えではないが、「疾《はや》きこと風の如く」来援に駆け参じ、高松城兵一同を欣喜雀躍《きんきじやくやく》させたのではあるが、毛利輝元《てるもと》軍は高松城の西二十キロほどの猿掛《さるかけ》山に、吉川元春《きつかわもとはる》・小早川隆景《こばやかわたかかげ》軍は城の南西の岩崎《いわさき》山・日差《ひさし》山に陣を張った。ところがその後、毛利軍と秀吉軍の両軍は「動かざること山の如く」四つにがっぷり組み合ったまま、いや、まだ立ち合っておらず、行司に促されて仕切り線に蹲踞《そんきょ》したまま一向に立ち合う気配もないのだ。

結局は約十日間を仕切り線で蹲踞したままずっと睨《にら》み合って、「本能寺の変」を迎えることになったのである。

もう一つ、不可思議な現象がある。毛利軍勢の数である。

前述のとおり、五月十七日の信長宛の早馬で「毛利軍が五万計《ばかり》の大軍で……」と秀吉は誇張して報告したが、実際は九州の大友《おおとも》氏、伯耆の南条《なんじょう》氏への牽制《けんせい》のために、せいぜい一万有余の兵しか割けなかった。つまり「五万」は秀吉の誇張である。一方の織田軍はといえば、現状の秀吉軍の二万有余の兵に、光秀率いる近畿管領《かんれい》軍二万有余の兵を伴って出陣できる体制なのである。

毛利軍が直面しているのは、まさに毛利家存亡に関わる最大のピンチなのだから、九州や伯耆のことは放ったらかしにしてでもなりふり構わず、乾坤一擲《けんこんいってき》、同じ五万ぐらいの兵を賭《と》して総力戦で臨むべきであるのに、たかだか一万有余の援軍で秀吉軍と睨み合いごっこをしてお茶を濁《にご》す。ここに大いなる仕掛けが内包されていると考えざるを得ないのだ。

つまり秀吉は秀吉で、何か異変を予期しているかのごとくじいっと待っている。一方小早川隆景は、主戦論に走らんとする兄・吉川元春を必死に牽制しながら、これまた毛利家の安堵《あんど》を賭けているにもかかわらず、動かないでいる。備中高松では両軍が一戦も交えず、ただじいっと何かを待っていたのである。

これではさながら信長はもう高松攻めには来ない、いや、来られないと前提しているかのごとくである。そのうち京都の某所で、明智光秀の謀叛に遭い二度と立ち上がれなくなることを、秀吉はもちろん、小早川隆景もあらかじめ知っていたと勘繰られても仕方がない。

ここまでの経緯を、「通説」に基づいてなぞってみると、

・三月十五日、秀吉率いる「中国方面軍」が、二万有余の大軍で中国攻めを開始する。

・四月十五日に備中入りした秀吉軍は、「境目《さかいめ》七城」のうち、冠山城《かんむりやまじょう》・宮路山《みやじやま》城を落とし、五月の初めに高松城を囲み、折からの梅雨で水嵩が増す足守川を堰き止め、総長三キロにわたる築堤をして水を注ぎ込み、高松城を浮城にして兵糧攻めにする。

・時を移さず毛利三軍が、総勢五万の兵を率いて高松城救援のため着陣する（実質は一万有余の兵であったのが通説）。

・大軍の来襲に驚いた秀吉が、五月十七日、信長に早馬を送り、信長に来援を要請する。

・信長も「天下布武《てんかふぶ》」達成の好機と出陣を決め、光秀率いる近畿管領軍と六月四日、京の本能寺を出立する旨、六月一日、公卿衆の前で公言する。

・秀吉は、「高松城は秀吉一人でも容易《たやす》く攻め落とせるのに、水攻めをしながら日数を要したのは、信長に速やかに大功を立てることを忌《い》み妬《ねた》む心があるのを察してのこと」（『常山記談《じょうざんきだん》』）という次第か、じいっと信長の到着を待ちながら毛利三軍と一戦も交えること

なく、とにかく奇怪な対峙《たいじ》が続いたのである。

ここまでが不可解な現象の概略だが、ここにいたるまでの経緯に迫ってみたい。

永禄十一年（一五六八）、織田信長が足利義昭を奉戴《ほうたい》（君主としていただくこと）して上洛すると、小早川隆景が毛利方の代表として信長と折衝を始め、すでにその使者も交換していた。

そして翌十二年（一五六九）、小早川隆景を介して正式な交渉も始まり、木下藤吉郎秀《きのしたとうきちろう》吉が織田方の「申次《もうしつぎ》」（外交官）として抜擢《ばってき》され、「信長別して申され候条、いよいよ向後御隔心無く仰せ談ぜらるべき事肝要に候、我らの事、若輩ながら相応の儀示し頂け、疎意あるべからず候」（信長が格別に申すには、今後両国が隔心無く外交することが肝要で、私も若輩ながら努力し、相勤める所存で、疎意はありません。今後ともよしなに……）という挨拶《あいさつ》文を添えて馬一疋《いっぴき》を隆景に贈っている。

さらに安国寺恵瓊《あんこくじえけい》も毛利方の使僧（外交僧）として登場し、当初織田方は木下藤吉郎秀吉（使僧は朝山日乗《あさやまにちじょう》）、毛利方は小早川隆景（使僧は安国寺恵瓊）という次第で進捗《しんちょく》していったわけである。

秀吉はここで、後年、己の運命を大きく左右する得難《がた》き人物で、文字どおり毛利家の屋台骨である小早川隆景と出会うことになる。そしてその後、時を追うにつれて抜き差しならぬ二人の関係が、構築されていくことになるのである。

一方、安国寺恵瓊と秀吉の交流も、徐々にその密度を深めていくことになる。恵瓊は織田方の朝山日乗と同じく使僧であって、隆景のブレインでもあった。

この安国寺恵瓊は元亀二年（一五七一）、信長に謁見しており、その信長の本質に触れて、

「将軍の使い様（傀儡《かいらい》政権）や、またその政策ポリシーの強烈さ。やがて天下を取るかに見えるが、やはり本質的には天下人として万人から認められる器ではない。そしてただただ異形《いぎょう》に映る印象。やがて公家にも列していこうが、信長の天下取りへのプロセスには何か異形異体のおぞましさがある。この信長では天下が治まらない。またあの性格ではやがて大きな反動が出て来て、信長は大きく仰向けに仰け反り込《の》むであろう（高ころびにあおのけにころばれ候）。信長はどでかいことを遣り遂げもしようが、またどえらい事態にも遭遇しよう。つまり畳の上では死ねない男だ。一方、藤吉郎は中々の利け者《き》（腕利き）だ！その藤吉郎が天下を望めば非常に面白い存在だ！　いや狙える器量を持った男だと思う」

と述べている。その慧眼《けいがん》たるや尋常ならざるものがあると、瞠目《どうもく》せざるを得ない。恵瓊の見立てどおり、秀吉は天下盗りを望んでいた。

ちなみに信長は、天正二年（一五七四）に「従三位参議」に叙任されて公卿に列する。天正三年（一五七五）「従三位権大納言」に昇り、「右近衛大将《うこんえのたいしょう》」を兼任する。天正四年（一五七六）に「正二位内大臣」に昇進。天正五年（一五七七）に「従二位右大臣」に進み、天正六年（一五七八）に「正二位右大臣」に昇り、「右近衛大将」も同様に兼任するが、同年四月に突如、両官位を朝廷に返上する。

以降一切の官職を辞して、「本能寺の変」まで「前右府《さきのうふ》」と呼称されるのだ。そして天正十年六月二日、本能寺において恵瓊の予言どおりに信長は、「高ころびにあおのけにころばれ候」という事態になったのである。

かくして秀吉・隆景ラインは固まり、黒田官兵衛（秀吉の参謀）、安国寺恵瓊というこれまた名にし負う鬼謀《きぼう》と謳《うた》われた名脇役たちが、文字どおりその脇を固めていったのだ。

もちろん表向きは天正四年、六年と、摂津木津川口《せっつきづがわ》で本願寺と絡んだ、シーレーンを争う織田軍との激突があったが、これは決して秀吉対隆景の戦いではなかったのだ。

●「一枚岩」ではなかった毛利一族

一方、信長が確実に毛利家を潰しにかかっているのは自明である。そこでなんとか毛利家の安堵をはかるためにも、隆景としては血気にはやる兄・元春を牽制しつつ秀吉と協調していくしか道はなかったのである。

だが隆景の「決して天下を望まず」「毛利の二字、末代までの安堵」を主題とする政策ポリシーにも「内憂外患《ないゆうがいかん》」の譬《たと》え通り、「内憂」の問題も抱えていたのである。すなわち、毛利一族も傍《はた》で見るほどの「一枚岩」でもなかったのだ。

特に吉川元春は、毛利家の使僧・恵瓊とは折り合いが悪く、「毛利家の獅子身中《しししんちゅう》の虫《むし》」とか「売僧《まいす》」と恵瓊を罵《ののし》っていたのである。いわゆる「剛の元春、智の隆景」といわれ、また寒中に咲く梅花に譬えられる元春と、春風になびく楊柳《ようりゅう》にも譬えられた隆景とでは、各々の人物本来の性格にもよるが、その置かれた環境にも大きな違いを来《きた》したことであろう。

安芸《あき》の北部から石見《いわみ》にかけて伝統的な勢力を養っていた吉川家を継いだ元春は、主に山陰方面の剛直な国衆を配下に持っていたが、一方、安芸の東南部瀬戸内海の島々にかけて発展していた小早川家を継いだ隆景は、毛利氏の山陽方面を担っていた海賊衆を駆使してその配下にしていたのだ。

また前述した高松城攻めの秀吉と講和が成立する直前まで、元春は強く決戦を主張していたが、隆景はそれを必死に牽制して恵瓊ともども、積極的に秀吉との講和成立へと事を運んだわけである。

『陰徳太平記《いんとくたいへい》』には、

〈元春からは、隆景の態度が余りに思慮深過ぎる消極策だとなじられたが、隆景にいわせれば、元春はともすれば「すぐ叶わずば討死するまでよ」とか、「このところは退くまい、あのところは押し入らん」などと、まるで若武者か、三百～五百の小部隊の侍大将のようなことばかりいう。大敵の秀吉と鋒《ほこさき》を争うのにどうしてそのような勇《いさみ》一途《いちず》の短慮で勝つことができようかと批評していた〉

と記されている。

●信長に援軍を要請した恐るべき真相

さて、前述のとおり、秀吉が信長に来援を請う早馬を送ったのは五月十七日。一方、毛利軍が陸続と備中入りしたのは五月二十日から二十一日にかけて、である。十七日に早馬を送るということは、少なくとも十六日以前には毛利軍が高松城救援のため着陣していなければならないはずである。秀吉はいまだ援軍がすべて着陣していないうちから、「毛利軍が五万計《ばかり》の大軍で……」と軍勢も誇張して信長を謀《はか》っていたのだ。

ここにこそ計り知れない秀吉の企みの実態が隠されていたこととなり、そこでいずれこの「五月十七日」が大きなターニングポイントとなってくるのである。

信長を殺害したいと考えている秀吉にしてみれば、信長にはなんとかして安土城の外に出てもらいたい。城内よりも、城外の方が殺害しやすいのは自明である。

そのきっかけとして、「水攻めをしている高松城への援軍」を要請して信長を呼び寄せる、というのは格好の撒《ま》き餌《え》だったのである。

しかも六月二日に「信長謀殺」が予定どおり実行されれば、三日の夜半から信長の死を伏せて毛利との講和の最終折衝を詰め、四日には高松城主を切腹させ、そして講和の締結もしなければならない。

これは、時間との戦いである。少しでも時間が欲しい。だからこそ秀吉は、信長の死の前から、まるでその死がわかっていたかのように、講和のために動いていたのだ。

「五カ国割譲案」

（毛利案）

一、備中・備後・美作・因幡《いなば》・伯耆を譲渡する。

一、織田方は、高松城の全将兵を保全する。

（秀吉案）

一、備中・備後・美作・伯耆・出雲の譲渡。

一、全将兵は保全するが、清水宗治は切腹の事。

その結果は、

一、因幡・美作と伯耆半国、備中は足守川以東の譲渡。

一、清水宗治の切腹。

毛利軍のせっかくの救援も、折からの悪天候や秀吉軍の立地条件に適《かな》った万全の備えなどに阻まれていかんともしがたく、なおかつ時を移さず近々、明智光秀率いる近畿管領軍の精鋭が、信長ともども到来するのだ(と、毛利輝元も、吉川元春も思っていた)。

そこで毛利軍はこの「五カ国割譲」の講和を決意して「毛利案」となるのだが、秀吉は、因幡は先の鳥取城攻めですでに手に入れているとして、出雲と清水宗治の切腹を「秀吉案」として逆提案したのである。

この講和自体が、すでに羽柴秀吉と小早川隆景との合意の許《もと》に作成されたものであり、毛利輝元と吉川元春を説得するため以外の何物でもなくなっていた。

●だがこの講和自体が「秀吉の陰謀」だった!

そもそも秀吉のこの「五カ国割譲案」なる講和折衝自体がおかしく、本来、信長の許可を得ないでは何一つ進められるはずがないのである。

たとえば天正七年の「播磨《はりま》攻め」の折のことが、『信長公記』（巻十二）にはこう記されている。

〈九月四日、羽柴秀吉は播磨から安土にもどり、「備前の宇喜多《うきた》（直家《なおいえ》）が降参申し、これを許すことにいたしましたので、ご朱印をください」と申し上げた。すると信長は、「自分に伺《うかが》いも立てずに先に談合ができているということは、けしからぬことである」と、おっしゃって、秀吉をすぐに播磨へ追い返してしまわれた〉（榊原潤訳）

そこで織田信長が、明智光秀率いる「近畿管領軍」と共に備中高松に到着したら、すでに羽柴秀吉によって毛利軍との講和が締結されていたでは済まされない、由々しき問題なのだ。これは明らかに軍令違反であって、これでは秀吉の首も飛びかねない。

つまりこのたびの信長の遠征は毛利家との講和のためではなく、同年三月の武田勝頼《たけだかつより》の首同様、あくまでも毛利家三将（輝元・元春・隆景）の首を京に晒《さら》すためのものであった。五月十七日に秀吉が早馬で信長に援軍を請うた折、「このたびこのように敵と間近く接したのは、天の与えたよい機会であるから、みずから出兵して、中国の有力な大名どもを討ちはたし、九州まで一気に平定してしまう」とまで信長がいっているからだ（『信長公記』）。

ところが信長に代わって秀吉が、一方的に講和を締結する裏には、「もう信長は備中高松には来ない！　否、六月二日頃、信長は京の辺りで大事変に遭遇して、備中高松には来られなくなる！」との前提で毛利軍と折衝していたとしか考えられないのだ。

ここにこそ明らかに、「秀吉の陰謀」が存在するのである。

●水面下の合意があった

小早川隆景にとっては、天下を望み自分たちの首を晒したいと思っている信長と、同じく天下を望むが、毛利の捨て身の協力で毛利の二字を末代までも安堵してくれそうな秀吉との、二者択一の問題である。そしてすでに、秀吉との間で合意に達していたのである。

だがここで、一つの問題が提起されることになる。

清水宗治の切腹に関して、毛利輝元が猛反対していたのだ。

清水宗治は毛利家にとって外様《とざま》の家臣で毛利家臣従の歴史は浅かったが、秀吉が高松城攻めに入る前に黒田官兵衛・蜂須賀《はちすか》（小六《ころく》）正勝《まさかつ》を宗治の許に遣わし、「備中・備後」という多禄をもって誘降を試みたが、「武士に二心はござらぬ……」と一蹴された経緯があった。

また輝元も、かかる忠節の士をおめおめ切腹させては、毛利家の名もすたると大いに逡《しゅん》巡《じゅん》し、割譲案が行き詰まっていたのである。

そうこうするうちに、「信長謀殺」が秀吉の予定どおりに進行した時点で、秀吉・隆景の命を帯びた安国寺恵瓊が単身で清水宗治と会い、

「織田側の講和の条々には、五カ国割譲と高松城主の切腹が明記されており、御貴殿のご決断で毛利家存亡の危機が救われる」

と、言葉巧みに説得したのであろう。宗治も、

「予《かね》てより死は覚悟の上である。自分の一命により主家を安泰に、そして部下五千の命を救うことができれば、武士としてこの上もない本望である」

と、自刃を承諾したのだ。

かくしてかの有名な衆人環視の下《もと》、船上での切腹となり、その後すぐ恵瓊が、「一死をもって、主家及び城中の者の生命に代わりたい」という宗治の遺書を携えて輝元に会い、やっと説得して最終的な講和が締結されたのだ。

『江系譜』によれば、

〈是に由り、和平成就也（清水宗治が切腹したこと）。因幡・美作一国と伯耆半国、備中は足守川以東の譲渡。起請文之事。
一、公儀に対せられ御身上御理之儀、我等請取申候条、聊以疎略に存ずべからざる事。
一、申すに及ばず候へと雖も、輝元・元春・隆景、深重如在に存ぜず、我等進退懸けて見放し申間敷事。
一、是の如く申談候上は、表裏抜公事これあるべからず事。右之条々、若し偽これあるに於いては、日本国中大小神祇。殊に八幡大菩薩・愛宕《あたご》・白山・魔利支尊天、別而氏神御罰深厚罷蒙るべき者也。起請文件の如し。

羽柴筑前守秀吉（血判）

天正十年六月四日

毛利右馬頭《うまのかみ》（輝元）殿

吉川駿河守《するがのかみ》（元春）殿

小早川左衛門佐《さえもんのすけ》（隆景）殿〉

（現代語訳）

一、公儀（信長）に対せられ、毛利家側の道理を、私（秀吉）が納得いたしましたので、今後は少しも毛利家をおろそかに思うことはありません。

一、申すまでもなく、毛利輝元・吉川元春・小早川隆景のことは、決して疎略には扱いません。私の職務にかけても、見放すことはいたしません。

一、このように申し上げた以上、嘘偽《いつわ》りや、租税をごまかすことは決してありません。右の事柄にもし偽りがあったならば、日本国中の大小の神々、ことに八幡大菩薩、京の愛宕神社（中略）の神罰を深く厚く身に受けるでしょう。よって起請文はこのとおりです。

かくして起請文は、無事に取り交わされたのだ。

表向きは織田家対毛利家との起請文であるようだが、「第二条」の条文は紛れもなく羽柴秀吉の、対毛利家（毛利輝元・吉川元春・小早川隆景）に対する身の保全そのものである。またその当然の帰結として、豊臣政権下では、毛利六万石だった小早川隆景が六十三万石になり、豊臣家五大老に列し、文禄《ぶんろく》の役では朝鮮攻めの総司令官になっている。

また毛利輝元も安芸・周防《すおう》・石見など百二十万石が安堵され、これまた豊臣家の五大老に列するのだ。

さらに僧侶の身でありながら安国寺恵瓊も六万石の大名に出世をし、秀吉の側近中の側近として、文禄の役《いくさ》では軍奉行としても活躍する。

ただし勇一途《いさみいちず》で秀吉嫌いの吉川元春は、秀吉が天下を盗るやその配下になることを拒み、家督を長男の元長《もとなが》に譲って隠棲《いんせい》するが、天正十四年（一五八六）に輝元の要請を受けて九州に出陣中、あわれにも小倉《こくら》で病没したのである。

後年、小早川隆景が「毛利家が今日のように安泰なのは、兄上（元春）と私が高松での講和を固く守って、太閤殿下のお恵みにあずかったお陰だ」と、ぬけぬけと嘯《うそぶ》くのだが、その頃元春は草葉の陰で切歯扼腕《せっしやくわん》、きっと悔し涙に暮れていたと思われるのである。

●「本能寺の変」を知った時、毛利家は……

さてこの起請文を取り交わした後、わずか半日ないし一日の差で「本能寺の変」を毛利家も知るところとなるのである。

ただし、ここで知ったのは、あくまでも毛利輝元と吉川元春であることは、今さらいうまでもないだろう。小早川隆景は、講和の交渉の段階で、秀吉から「本能寺の変」の狙いを聞いていたはずだからだ。

かくして、ここで初めて事変を知った元春とすでに知っていた隆景の間で、茶番劇が繰り広げられたのである。

「我等、謀《はか》られたり！　さあ馬を乗り殺すのはこの時ぞ！　全速力で追いかけよう！」

と全軍に、秀吉軍追撃の檄《げき》を飛ばす吉川元春。

「誓紙の血がまだ乾かないのに、これを破るのは不義であり、信長の喪に乗ずるは道理に悖《もと》る！　父元就《もとなり》公死去の折、誓書を以《もっ》て輝元擁立を我々に約束させた。誓書こそ事の基本である。それに父は、天下を望んではならないと仰せられたではないか！」

と、それを強く押し止《とど》める小早川隆景。

ただし、一部はあの俗書として名高い『川角太閤記』にもある、非常にできすぎた話だから、信憑《しんぴょう》性にはやや欠ける。

主戦論に走る兄・元春を必死に牽制しながら、ただひたすらに「毛利家の安泰」のみを希求する隆景。この秀吉と隆景による密謀劇は、十日間にわたる不可解な睨み合いの末、破格で暫定的な講和の締結と、輝元が猛反対する高松城主の切腹、そして秀吉軍のものの見事な引揚げでその幕を閉じるのだ。

●「中国大返し」は過酷すぎる〝箱根駅伝〟

秀吉軍の見事な引揚げ、いわゆる「中国大返し」について、『歴史読本』所載・藤本光《ふじもとみつる》氏の「疾風怒濤《しっぷうどとう》・秀吉東上の経路」から、一般的と思われるその行程表を引用すると、以下のようになる。

「六月」天候

二日　曇り　備中高松城水攻め交戦中。
三日　大雨　夜　凶変至り、深夜毛利方と和議成立。
四日　　　　高松城主・清水宗治自刃。起請文調印。(夕刻毛利軍も情報入手)
五日　大雨　高松在陣。

六日		高松発―沼《ぬま》着。（二〇キロ）
七日	大雨	沼発―（吉井《よしい》川渡河）姫路《ひめじ》着。（八〇キロ）
八日		姫路滞陣。
九日	大雨	姫路発―（夜半）兵庫着。（四〇キロ）
十日		兵庫発―尼崎《あまがさき》に進出。（四〇キロ）
十一日	雨	尼崎発―摂津富田方面に進出。（二七キロ）
十二日		中川清秀《なかがわきよひで》・高山右近《たかやまうこん》・池田恒興《つねおき》来属。
十三日	雨	織田信孝・丹羽長秀合流。富田―山崎へ（一二キロ）。午後四時頃、開戦。（明智軍、敗走）

以上が標準的な行程表で、総計二百十九キロに及んでいる。しかもその圧巻は、六月七日の沼から姫路までの八十キロである。

大雨の中、吉井川の氾濫《はんらん》を渡河して走行する、まさに死のロードレースだ。前日の六日に二十キロ走って、七日は八十キロ。そして一日休んで翌九日にまた四十キロ。翌十日もまた四十キロ。そして十一日も二十七キロとなる。しかもほとんどが大雨の中で、到底、人間業《わざ》とは思えない次第なのである。

ところがNHKの『その時歴史が動いた』では、

「……光秀との決戦の地、京都までおよそ二百キロメートル、官兵衛は使者を先回りさせ、道々の領民に炊き出しや水を用意させました。秀吉は、官兵衛に導かれて天下人への道をまっしぐらに駆けて行きます」

と軽く言うのだが、『武功夜話《ぶこうやわ》』によれば総勢一万七千人という大軍である。腹が減っては戦はできず、兵士たちが一日に一人十個の握り飯を食べるとして、走る日数・五日間で一兵士五十個。つまり、総計八十五万個もの握り飯が要る勘定になる。こんな厖大な数量は、ちょっとやそっとの領民の奉仕でおいそれとできるものではない。

またほとんどが雨の中で裸足では走れないので、草鞋《わらじ》が必要である。一人一日二足としても、これまた総計十七万足の草鞋が必要になってくるのだ。

中国大返しのこの二百十九キロとはどのくらいの距離になるのであろうかと思案しているうちに、あの「箱根駅伝」とほとんど一緒（東京・大手町《おおてまち》の読売新聞東京本社前から、神奈川県箱根町の芦ノ湖《あしのこ》駐車場入り口までを往復する十区間の走行距離が二百十七・一キロ）なのに気づいて、一驚した次第である（二〇一五年より距離改定）。

備中高松地方という現地の土地勘に疎《うと》い私にとっては、「箱根駅伝」の走行距離に置き換えると、想定距離のシミュレーションができる。

ただし、「中国大返し」の実態を否定する私にとっては、あくまでも「想定距離」に過ぎない。またもとより駅伝の選手は、選《よ》りすぐりの鍛え抜かれたスペシャリストの面々だから、各ランナーが一キロを三分台のスピードで襷《たすき》をつないで東京・大手町から箱根の山を一気に駆け登り、かつ翌日はまた箱根の山を一気に駆け下りて、東京・大手町まで戻って来る猛者揃《もさぞろ》いだ。その脚力においては、到底比較になるものではないが、その八十キロないし、四十キロの距離感は的確に把握できるのである。

そこで問題の、六月七日の「沼」―「姫路」間の八十キロだが、この「箱根駅伝」に置き換えてみると、東京・大手町から鶴見《つるみ》―戸塚《とつか》―平塚《ひらつか》―小田原《おだわら》中継所までの四区間で、計八十四キロ。また四十キロは、東京・大手町から鶴見―戸塚中継所までの二区間で、計四十四キロが目安となるのだ。

かくして前述の行程表の「二十キロ―八十キロ―四十キロ―四十キロ―二十七キロ」の総計の二百七キロを、一日休みの六日間で駅伝ならぬ一兵士が一人で駆け抜けるのである。これはとても、実際に走行可能な距離と時間とは思えない。

これを「通説」では、「世に言う奇蹟《きせき》の中国大返し」と呼称し、「奇蹟」を強調してごまかしてしまうのである。

●「奇蹟」を起こす必要はなかった

次のような状況下であれば、兵士たちは過酷な負担がかかる中国大返しを遂行しなくても済んだはずだ。

・秀吉は（光秀の行動の如何を問わず）六月初め頃の「本能寺の変」の出来《しゅったい》を、あらかじめ予測していた（もしくは自らが実行しようとしていた）。

・秀吉と小早川隆景の間では、事変勃発後も秀吉軍の東上を安全かつ速やかにすべき合意が成立していた。

これなら秀吉は後顧《こうこ》の憂いなく、順次軍勢を姫路に向けて引き揚げさせられる。

たとえば、全体を第一次隊、第二次隊、第三次隊に分ける。そして第一次隊、第二次隊は六月二日以前に引揚げを開始する。

「本能寺の変」も、二日には予定どおりに進行したことが、秀吉配下の特殊情報ルートからわかるだろうから、三日には毛利と最終講和を折衝し、四日には清水宗治の切腹を見届けてから講和を締結すればよいわけだ。

かくして秀吉軍は密かに姫路へ向かって、ゆとりのある引揚げを順次始めていた。六日間で二百七キロ、マラソンの五倍ほどの距離を駆け抜けるような「奇蹟」は必要ない。

とはいえ、それはあくまでも一万七千の兵のことで、秀吉本陣にはその殿《しんがり》を務める宇喜多秀家《ひでいえ》軍の七千〜八千の兵がまだ残っており、いざという時にはそこを死守する覚悟であったのであろう。

実際に、宇喜多秀家軍が最後に高松を引き揚げる際、岡山城までの約十五キロの距離をマラソンさながら、大返しの真似事をしたのではないだろうか。

一歩誤れば、吉川元春が飛び出してきて一手にその襲撃を受ける立場にあったのだが、秀家は見事この殿の重責を果たした。その秀家も後には豊臣家五大老の一人に列することになるのである。

いずれにしても、あの疾風怒濤の「中国大返し」はなかった。このことを、私は強く主張したい。

●歴史家たちの不可解な発言

大変不可解なことに、「秀吉は本能寺の変の出来《しゅったい》をあらかじめ知っていたのではないか」と、最近一部の歴史家が書き始めている。

だからこそあのような素早い「中国大返し」ができたのではないか、というのだ。

たとえば藤田達生氏も、〈あろうことか、信長が不慮の死を遂げた「本能寺の変」を、あらかじめ想定していた可能性すら否定できない〉と記している。

だがこれは、考え方が逆である。光秀に関する不穏な情報をキャッチしていたら、忠臣・羽柴秀吉としては速やかに信長なり、信忠に報告しているはずだ。

したがって、秀吉が光秀の不穏な動向を事前に知っていたとするならば、それは、

・光秀と秀吉が共同謀議した。

・当の秀吉自身が謀叛のからくりを設《しつら》え、光秀を囮《おとり》にして実行した。

この二つ以外には、秀吉が「本能寺の変」の出来をあらかじめ知り得る要素はまったくなかったと、はっきりと断言できるのである。

歴史家たるものは、もっと確固たる歴史的根拠に基づいて発言すべきではないだろうか。

第二章

なぜ秀吉は信長を裏切ったのか

●信長と光秀は、仲がよかったのか悪かったのか

前章では、「本能寺の変」前後の秀吉の「行動」を検証した。

この章では、信長を殺害する「動機」について考えてみたいが、秀吉の動機を論じる前に、「通説」で首謀者となっている光秀に動機があるのかどうか、検証することにする。

元日本歴史学会会長で「明智光秀研究」の最高権威者といわれた高柳光壽《たかやなぎみつとし》氏はその主著『明智光秀』で、

〈光秀は、なぜ信長に謀叛《むほん》したのか……光秀は、信長の恩義に感謝こそすれ、信長に叛いて、それを弑逆するなどと言う事は、普通では考えられない事。そこで後世、光秀を論じる人々が、その理由に苦しんだらしい。この事がいろいろと揣摩臆説を生む原因に至ったのである〉

と述べている。

そしてこの揣摩臆測を巡ってまさに百花繚乱《ひやっかりょうらん》の「本能寺論争」が繰り広げられて、今日に至っているのだ。

信長と光秀の主従関係を見てみると、天正九年（一五八一）の「御馬揃《おうまぞろ》え」の惣奉行《そうぶぎょう》任命や、『明智光秀家中軍法』の作成時まではどうやら順調だったようだが、天正十年（一五八二）に入ると、「通説」では、なぜか両者の間に軋轢《あつれき》が生じてしまうらしい。

・三月十八日、信濃上諏訪《しなのかみすわ》の陣中において御折檻《せっかん》。光秀、四国方面軍司令官を外される。
・五月十五日、光秀、上洛した徳川家康の接待役を命ぜられるが、不興を買う。
・五月十七日、秀吉が早馬で信長の出馬を要請。光秀、接待役を罷免され、毛利軍と戦う秀吉の許で加勢せよと命ぜられる。
・さらに追い打ちをかけるように、信長の上意で、「丹波・近江は召し上げ、出雲・石見は切り取り次第」が通達される。
・五月二十八日〜二十九日、光秀、愛宕山に参籠《さんろう》し、謀叛の意を固める。勝軍地蔵への祈願で御神籤《おみくじ》を三回引く。連歌会を催し、こう発句《ほっく》して天下取りの意志を表わす。
「ときは今天《あめ》が下しる五月哉《さつきかな》」
（土岐《とき》家の末裔《まつえい》たる私が今、天下を下領《したし》る五月である）
・五月二十九日、信長がわずかな供廻《ともまわ》りで上洛し、本能寺に入るとの情報を得る。

・六月二日、織田信孝を総大将とする四国方面隊が摂津住吉《すみよし》から出発する前の早朝四時過ぎ、光秀が本能寺を一万三千の兵で囲み、信長、次いで信忠を襲撃する。

以上が、江戸・明治・大正・昭和・平成と語り続けられて来た、光秀謀叛劇のごく一般的な要因というか、定番である。これを私は序章で述べたように「歴史認識における固定観念」と呼んでいる。

一方、それまでの光秀の履歴をつぶさに見て行くと、信長との不協和音が一切聞こえて来ない。すなわち、

◇元亀元年二月三十日、『言継卿記《ときつぐきょうき》』（公卿・山科《やましな》言継）の日記によれば、「信長、岐阜城より上洛し、明智光秀邸を宿所となし泊まり、三月一日に禁裏に伺候」という両者の親密ぶりである。

◇元亀二年（一五七二）九月十二日、信長は「比叡山焼き討ち」を実行し、光秀も参戦。

その功により光秀に志賀《しが》郡が与えられ、やがて光秀は坂本に城を構え、譜代の家臣をさしおき光秀が城持ちの第一号となるのである（この「比叡山焼き討ち」を、第六天の魔王たる信長のなせる殺戮行為といわれるが、実は比叡山側にも大いなる「非」があった）。

◇天正三年（一五七五）七月三日、信長は自分への官位昇進の勅命を固辞する一方、丹羽長秀には「惟住《これずみ》」の名字を、また羽柴秀吉には「筑前守《ちくぜんのかみ》」の官職を請い、特に明智光秀には九州の名族「惟任日向守《これとうひゆうがのかみ》」という名字・官職の両方を朝廷に取り計らっている（光秀は信長に仕えてまだ三年目である）。

◇天正四年（一五七六）四月～五月、信長は「石山本願寺攻め」を開始する。西北方に荒《あら》木村重《きむらしげ》、東北方に明智光秀（細川藤孝《ほそかわふじたか》）、南方を原田直政《はらだなおまさ》に担当させ、石山本願寺を包囲して攻め立てたが、五月三日には有力武将の原田直政ら多数の戦死者が出て敗北を喫し、勢いに乗る本願寺門徒勢は光秀らが死守する天王寺砦《てんのうじ》を取り囲んだ。

五月五日、明智軍危うしの報を聞くや信長自らも出陣し、七日、天王寺砦の包囲軍に対して兵三千を三段に備えさせ、自ら戦陣の先頭に立ち指揮を執って門徒勢を打ち破り、見事に光秀を救ったのだ。しかも自らも参戦して闘った信長は足に鉄炮傷を受けるのだが、まさに光秀救援のための獅子奮迅の働きであった。

◇同年五月。窮地を脱した光秀は軍容を立て直して摂津に参陣するも、突如、風痢（赤痢）を患って急遽京都に戻り、早速信長が手配した名医・曲直瀬道三《まなせどうさん》（正盛《しょうせい》）の治療を受けるのであるが、この間の詳細が『兼見卿記《かねみきょうき》』にも見られる。

・廿三日、乙卯、惟日以外依所労皈陣、在京也、罷向、道三療治云々、
・廿四日、丙辰、惟日祈念之事自女房衆申来、
また光秀の妻・煕子《ひろこ》もこの吉田《よしだ》兼見（兼和《かねかず》）の吉田神社に赴《おもむ》き、夫の病気平癒の祈願を申し入れているのである。さらに信長は光秀の病状を気遣って、二十六日には隼原《はいばら》新右衛門を見舞いに行かせている。

一方、十二日の『言継卿記』には、「明智十兵衛尉、久風痢ヲ煩、明暁死去」と記されたほど、重病説が流れていたのである。なんとか光秀は奇跡的に命拾いをして快方に向かったのであるが……今度は献身的に日夜看護を尽くした妻・煕子が十月に患い、十一月七日には病没してしまう。この項の詳細は138頁を参照いただきたい。
◇天正六年（一五七八）正月十一日、坂本城での「光秀・朝茶会」は、晴れがましくも主君・信長から元旦に拝領した名物《めいぶつ》「八角釜《はつかくがま》」のお披露目の茶会であった。しかも床には、すでに信長から拝領していた大名物「椿の繪」（牧谿《もっけい》筆）を掛け、これまた拝領の「肩衝《かたつき》茶入」とその「龍の緞子《どんす》の仕服《しふく》」（茶入を収める袋）で点前《てまえ》をする豪華さで……さぞや光秀は得意絶頂のことであったろう（『天王寺屋他會記』）。
また茶会が了《おわ》ってから光秀は、招待客共々坂本城内から御座船を仕立てて琵琶《びわ》湖を渡

り、安土城へ参賀に行っている。またこの後「八角釜」は、
・天正七年（一五七九）正月七日、坂本城での朝茶会に。
また、
・天正八年（一五八〇）正月四日、同九日にも使われ、当日は信長から生きた鶴を下賜されている（当時は鶴をよく食した）。
◇天正六〜七年、光秀の三人の娘のうち、一人を信長の甥の織田信澄に。もう一人（玉《たま》・ガラシャ）を長岡《ながおか》（細川）忠興《ただおき》に信長直々の仲介で娶《めと》らせて、光秀を織田軍団最高位の近畿管領軍・軍司令官に遇している。
◇天正七年、播磨の黒井《くろい》城の攻略で信長から、「長期間にわたって丹波の国に在国し、粉《ふん》骨砕身《こつさいしん》の活躍による名誉は、比類なきものである」と表彰されている。
◇天正八年、信長が重臣の佐久間《さくま》信盛《のぶもり》・信栄《のぶひで》父子に対して、「一九カ条の折檻状」を与えたその三条の冒頭で、「丹波の国における明智光秀のめざましい働きは、よく天下の面目をほどこした」と、これまた褒《ほ》めちぎっている。
◇天正九年（一五八一）二月二十八日、晴れがましい「御馬揃え」の惣奉行を仰せつかる。

◇同年六月二日、『明智光秀家中軍法』を上梓する忠節ぶり。
◇天正十年（一五八二）元旦。「安土城参賀」で光秀は、松井有閑《まついゆうかん》共々真っ先に「御幸《みゆき》の間」の拝見が赦《ゆる》され、これまた生きた鶴を拝領している。以下、同年正月に、
・同一月七日、「光秀の朝茶会」で、床に信長直筆の軸を掛け、炉にはまた例の信長拝領の「八角釜」を自慢そうに懸けている（信長直筆の軸を掛けることは家臣たちのなかでも他に例を見ない）。
・同一月二十五日、「光秀の朝茶会」に博多の豪商茶人・島井宗室を招く。これまた新たに信長拝領の名物「平釜《ひらがま》」を懸けてのお披露目《ひろめ》の茶会で、明らかにごく最近拝領した名物であり、信長との不協和音など微塵《みじん》も感じさせないほど穏やかな茶会である。
◇同年四月二十四日、織田信長が最後に書いた書状は、当日付の細川藤孝宛だが、そこには「中国攻めには、余の命令次第出陣し、詳しいことは惟任日向守の指令を受けよ……」とあり、「本能寺の変」の一カ月前にもかかわらず、まだ信長は光秀を信頼しきっていたのである（『永青《えいせい》文庫蔵』）。
◇同年五月十日頃、在荘中（軍事休暇中）の光秀は、信長から徳川家康一行の饗応役を仰せつかる。『兼見卿記』には、「徳川家康が信長へ御礼参上のために来たので、たまたま

軍事休暇中の光秀が接待を仰せつかった」とあり、『信長公記』でも〈日向守は京都・堺《さかい》から珍物をととのえ、大変素晴らしい御持て成しをいたした〉とある。

以上が、信長＝光秀間の親密さが垣間見られた証左であるが……。

尾張《おわり》統一のために信長自らが手にかけた実弟・信行《のぶゆき》の忘れ形見、信澄を重用し、琵琶湖畔に大溝《おおみぞ》城を与え、さらに自らが仲介して光秀の娘をわざわざ娶《めと》らせていると前述した。しかも光秀の坂本城をさながら長菱形の扇の要《かなめ》として据え、安土城、長浜《ながはま》城（秀吉）、そしてこの大溝城を加えて、信長の最重要拠点「琵琶湖ウォーターフロント」を形づくっていたのであり、光秀がいかに信長から絶大な信頼を得ていたかがわかろうものである。

強《し》いて二人の不協和音を挙げるとすれば、光秀が四国方面軍司令官を罷免されたことぐらいであろう。

だが、これ一つで「本能寺襲撃」を決行するには非常に無理がある。

●「光秀も天下が欲しかった」のは本当か？

前述の高柳光壽氏は、その著書『明智光秀』八章の冒頭で、〈信長は天下が欲しかった。秀吉も天下が欲しかった。光秀も天下が欲しかったのである〉とはっきり規定している。以下、次の文が続くのである。

〈信長は義昭を奉じて上洛した。そして義昭を将軍職につかせた。けれども京都における勢力を確立すると義昭を追ってしまった。そこには義昭の我儘《わがまま》があったことも事実であるが、義昭に実権を与えなかった信長の態度も考える必要がある。それは結局は信長は自分が天下の主となろうとしたのであった。秀吉も光秀を滅したときは、信孝を奉じて主の仇を討ったと光秀の主殺しを責めているが、清洲《きよす》の会議ではこの信孝と信雄《のぶかつ》を争わせ、賤ヶ《しずが》獄《たけ》で柴田勝家《しばたかついえ》に勝つと、主筋に当たる信孝を信雄に殺させている。そして信孝・勝家と争っているとき、信雄を立てて主人扱いにしていながら、小牧《こまき》ではこれと争い、小田原《おだわら》征伐ののちにはこれを改易《かいえき》している。光秀が愛宕山で幾度もくじを探って迷ったというのは、主殺しという道徳的な苦悶《くもん》もあったかも知れないが、それよりも主殺しの成否と、その後における事業、天下取りの成否について迷ったものと解すべきである。いくら光秀が天下を欲しがっていたところで、彼は信長の部下に過ぎない。毛利輝元であるとか、北条氏政《ほうじょううじまさ》であるとか、更に上杉景勝《うえすぎかげかつ》であるとかならば、堂々と信長と争い得る。光秀は信長と争い得る兵力はない。けれども機会さえあれば信長を倒し得ないことはない。今やその機会が与えられたのである〉

このように光秀の天下取りの必然性が規定されて、同学の士・桑田忠親《くわたただちか》氏との有名な論争にいたるのである。

つまり光秀の天下取り（信長謀殺）に対する、高柳氏の「光秀・野望説」と、桑田氏の「光秀・怨恨説《えんこんせつ》」とが激しい火花を散らすわけだが、この論争自体、今となってはかなりアナログ化してしまっているようだ。

すなわち高柳氏曰《いわ》く、光秀はあくまでも信長の家臣に過ぎないので、いくら下剋上《げこくじょう》の世の中とはいえ主殺しの天下取りは、極まりなく不条理であり、天下の大罪人として赦されるべきものではないというのだ。

だが秀吉となるとこれはまた別の次元で、いち早く「奇蹟の中国大返し」を敢行し、主君・信長父子の弔い合戦に勝利したのであるから、本来は信雄・信孝のいずれかを立てて

主家の再興を図るべきではあるが、

〈事、此処に至っては、秀吉も天下が欲しかった（否、欲しくなった）のは止むを得ないのである〉

と高柳氏は言っているのである。

しかし、私は「本能寺の変」は秀吉演出の謀叛劇であり、「初めに秀吉の天下盗り在《あ》りき、而《しこう》して『山崎の合戦』はその方便なりき」と、当初から「天下盗り」への合目的《ごうもくてき》な手段として展開していったのである、と申し上げたい。当然のことながら、高柳氏のいう「光秀・天下取り」への野望説は論外である。

なお、「天下取り」と「天下盗り」は、似ているようで決定的に異なる。そのことを次項で論じたい。

●光秀の「天下取り」と秀吉の「天下盗り」

以前、大関になったある力士が、「大関の名に恥じず、一生懸命、相撲道に精進《しょうじん》します」と抱負を語っていた。また「東大を目指して、一生懸命勉強に励みます」と学生が目を輝かせる。

この「一生懸命」は「一所懸命」の転と『広辞苑』にはある。すなわち、「賜った一カ所の領地を生命《いのち》にかけて生活の頼みとすること。また、その領地」。生命を懸けて守る一つのことを生命懸けでやること。生活の頼みとして大切にする知行所《ちぎょう》。一所懸命の地となるわけである。

つまり武家社会は、主君から賜った、もしくは先代から受け継いだ領地を生命懸けで守る「分権領土体制」、もしくは「分権国家体制」を採っていたわけである。

だから信長以前には「天下取り」（天下統一）という観念はあり得なかったわけで、足利将軍家（征夷大将軍）を推戴《すいたい》しての「分権国家体制」の継承であり、また実際に数カ国を経営する武将（大名）でも、まず己が地域社会（分権国家）の安定化が優先されたわけである。

たとえば今川義元《いまがわよしもと》が、天下取りのために己の旗を京に打ち立てんとした上洛の戦いで織田信長の奇襲を受け、「桶狭間《おけはざま》」で儚《はかな》く散ったことになっているが、たかだか二〜三万の兵を率いて上洛しても、天下は到底望めるわけとてなく、この今川義元の上洛も最近ではかなり疑問視されている。

また武田信玄《しんげん》も天正元年（一五七三）、足利義昭の執拗な「信長包囲作戦」の下知《げち》で上洛の途に就いたが、これとて京に己の旗を立てて天下取りを意図したものではなく、あくまでも義昭の指令による、「打倒信長」のための上洛（出陣）だったわけであり、信玄の雄図もむなしく進撃中の陣中で病に斃《たお》れて不帰の人となってしまう。信長はこの上もない命拾いをしたことになる。

つまり「天下取り」＝天下統一という概念は、当時の戦国大名の誰しもが持っていた夢ではなく、足利将軍家を推戴しての、まずは自国の勢力圏の安泰こそが至上課題だったのだ。したがって織田信長が唯一、初めて天下統一の概念を打ち立てたのだが、それはおのずからその次元が異なってくることになるのである。

明智光秀はといえば、到底そんな特殊環境を持ち合わせてはいない。「通説」にせよ、私の「明智光秀冤罪論」にせよ、光秀は「山崎の合戦」前日に紀州《きしゆう》雑賀《さいか》衆・土橋重治《つちばししげはる》（平尉）宛の書状で、「足利義昭・上洛を歓迎するの旨」を伝えている。また、万策尽きた光秀が「本能寺の変」と何ら関わりのなかった義昭を迎えることに踏み切ったことでもわかるように、光秀勝利の暁《あかつき》には体制を旧に復したであろう。

すなわち足利義昭を奉戴した旧体制の「分権国家体制」に逆戻りすることになったので

はないだろうか。

これに対して「天下盗り」は、天下統一を果たしつつあった信長を殺害し、信長の敷いた路線を奪い取って天下を「盗る」ことを言う。

つまり、明智光秀の「天下取り」と羽柴秀吉の「天下盗り」はまったく異なるのである。

かくして、信長が苦労に苦労を重ねて切り拓き、やっと前方に曙光《しょこう》が見え始めたその矢先、その「獅子身中の虫《しししんちゅうのむし》」たる秀吉の陰謀によって、天下は掠《かす》め取られてしまったのである。

●秀吉のハングリー精神と非情さを形成した生い立ち

秀吉の「動機」を考えるにあたって、木下藤吉郎の出生の経緯を見てみたい。

『太閤素性記《たいこうすじょうき》』では、秀吉は織田信秀《のぶひで》の足軽だった木下弥右衛門《やえもん》と仲《なか》との子とされているが、これは真っ赤な偽りである。

また、秀吉は、苗字を持たない貧しい百姓の出身だったともいわれているが、中世・近世の「穢多《えた》」という下層階級の出身ではなかったかとも思われる。

秀吉の母（後の大政所《おおまんどころ》）仲は美濃《みの》の鍛冶師《かじし》・関兼定《せきかねさだ》の娘とか、尾張国御器所村《ごきそむら》出身で盆や椀などを造っていた山の民・木地師《きじし》の娘だったともいわれているが、とにかく秀吉は当時の賤民《せんみん》身分の出生であって、少年時代から「ワタリ」と呼ばれる技術集団や、蜂須賀小六（正勝）等の野武士《のぶし》集団である美濃国堺《さかい》の「川並衆」に関わって成長したらしい。

すなわち律令制下の「奴婢《ぬひ》」に近い下層民で、秀吉はこれ以下はないという底辺から這《は》い上がって来た、ハングリー精神の横溢《おういつ》な強か《したた》者だったのである。

また後年、関白となった秀吉の非情さが、『河原ノ者・非人・秀吉』（服部英雄《はっとりひでお》著）に記されている。すなわち、

〈秀吉には、弟・秀長《ひでなが》や姉（秀次《ひでつぐ》母）や妹（旭姫《あさひひめ》）以外にも、弟妹がいたが、名乗り出た彼らの首は、冷酷で残忍にも切られた。すでに関白に成り上がった自分の出生の賤《いや》しさと、母の（男関係の）恥部を消すために犠牲になった〉

という、非常に冷酷な性格を持った男でもあったのだ。

また「ワタリ」とは、仕事を求めて渡り歩く漂泊の技術集団のことで、鍛冶師、鋳物師、木地師、金掘りなどを生業《なりわい》とした。当時から秀吉はこういったネットワークを通じ

て、いろいろな情報を持っていたわけだ。だがこれらの狭間《はざま》にあってあたら特異な才能を埋没《まいぼつ》させてしまうような秀吉ではなかったのである。

●秀吉の右手は、六本指だった！

一方、藤吉郎時代の「針売り伝説」も事実だったらしく……、〈皮付きの栗を取り出して、口にて皮を剝《む》き喰べる猿芸〉を得意とし、しかも生来藤吉郎の右手は六本指で、その異形《いぎょう》な六本指での大道芸も大いに受けて、多量の針を売り捌《さば》く生活も可能だったのであろう。

この秀吉の六本指の件《くだり》だが、これは「先天性多指症《たししよう》」で、

〈太閤様は右之手おやゆび一ッ多、六御座候、然時蒲生飛驒守《がもうひだのかみ》殿・肥前《ひぜん》様・金森法印《かなもりほういん》御三人しゅらく（聚楽）にて大納言様へ御出入ませす御居間のそは四畳半敷御かこいにて夜半迄御咄候、其時上様ほとの御人成か御若キ時六ッゆびを御きりすて候ハん事にて候ヲ、左《さ》なく事ニ候、信長公太こう様ヲ異名に六ッめが、なと丶、御意候由御物語共候、色々御物語然之事〉（前田利家《まえだとしいえ》『国祖遺言』）

とある。

すなわち秀吉の右手の親指が二本あったらしく、通常は若年のうちに指を切り落とすのであるが、秀吉は生涯指を切り落とさず、信長から「六ッめ」と呼ばれていたと伝えられていたのである。

またこの「六本の指」に関して、イエズス会宣教師ルイス・フロイスの『日本史』第十六章にも、

〈彼は身長が低く、また醜悪な容貌の持ち主で、片手には六本の指があった。眼が飛び出しており、シナ人のように鬚《ひげ》が少なかった……〉とある。

さらに渡邊大門《わたなべだいもん》氏は、『秀吉の出自と出世伝説』（洋泉社）で、「朝鮮にも伝わった六本指」として、「文禄・慶長の役」によって日本に連行された姜沆《きようこう》の著書『看羊録《かんようろく》』にも、記載があったことを挙げている。

そこで藤吉郎が路上で最初に仕官する松下加兵衛《まつしたかへえ》に拾われる件《くだり》を『太閤素性記』では、「加兵衛が久能《くのう》から浜松《はままつ》に行く途中で猿を見つけたという。異形の者で、猿かと思えば人に見えるし、人かと思えば猿にみえる。どの国から来た何者かと尋ねると、猿は尾張から来たという。また加兵衛は、幼少の者が遠路どのような用事で来たのか尋ねると、奉公衆

を望んで来たといった。加兵衛は笑いながら私に奉公するかと尋ねると、了解したと述べた〉。かくして藤吉郎はそのまま遠州《えんしゅう》浜松城に連れて行かれ、加兵衛の主である飯尾豊前《いいおぶぜん》とその娘達の前で、その六本指を使った大道芸を披露したとも伝えられている。

●信長が秀吉を選んだのではない。秀吉が信長を選んだ

武士になって、一国一城の主となる夢を持った秀吉は、前述の今川義元の家臣で遠州浜松の頭陀寺《ずだじ》城主・松下加兵衛の許に武家奉公をするのだが、門閥《もんばつ》もなく素性の賤しい身としては、しょせん、うだつの上がるものではない。

そこを飛び出した秀吉は、つらつら考えを練ったのであろう。自分みたいな門閥に一切無縁の者は、努力次第では足軽から侍大将ぐらいまでならなれようものの、その後はお先真っ暗である。

かくしてやっと、織田信長なる武将を捜し出したのだ。

天下に武将はあまたいるが、織田信長という門閥主義に一切囚われず、能力至上主義のこの御大将ならば、努力次第では俺の能力を高く買ってくれるだろう……とにかくこやつ

に俺の一国一城の夢、いや、天下盗りの夢を託して、こやつの獅子身中の虫、いやこやつの寄生虫になってやろうとの野望を抱いて、信長の足軽になったのである。

秀吉にとっては、信長に仕官する時点で天下盗りを視野に入れていたのである。木下藤吉郎こと秀吉の出自、置かれた環境、経歴を検証すると、こう断定せざるを得ない。

つまり、信長に「猿！　猿！」と酷使されるものの、それを見込んで足軽に出仕した秀吉は、それこそ一所懸命（信長懸命）、必死に信長に仕えてひたすら機会を窺《うかが》う。

そして、信長の美濃攻めの時、重臣・佐久間信盛、柴田勝家などの猛将たちが築城に失敗した「墨俣《すのまた》の一夜城」を、得意の「川並衆」の野武士集団や、「ワタリ」の技術集団のネットワークを駆使してものの見事に成功させ、その恐るべき技術力を信長にまざまざと認めさせたのだ。

したがって、秀吉にとっては然るべきタイミングで信長に死んでもらうことが天下盗りという自分の夢にとっては必要不可欠であり、その絶好の機会が「本能寺の変」だったということになる。

●偽書状から明らかになった真犯人は「秀吉」

さて、66ページで私が推定したように、「本能寺の変」が起きることをあらかじめ予測していた秀吉は、六月五日に高松を離れる。そして野殿《のどの》（岡山市の西部）を走りながら摂津茨木《いばらき》城主・中川清秀宛に、「偽書状」をせっせと書き送っていた。

〈尚々、の殿まで打ち入り候処、御状披見申候。今日成り次第、沼まで通り申し候。古佐《こさ》へも同然に候。是より申すべきと存ずる刻、示しあずかり、快然に候。依って、只今京より罷り下り候者、確かに申候。上様、並びに殿様、何の御別儀無く御きりぬけ候。世々《ぜぜ》が碕《さき》へ御のきなされ候て、福平左三度《ふくへいざ》むきあい、比類なき働きて候て、何事も無きのよし、まず以て目出たく存候。吾らも成り次第帰城候条、なほ追ひ々申承べく候。其のもとの儀、御油断なき御才覚専一候。

恐惶謹言

六月五日　　　　羽柴秀吉（花押）

中　衛兵　御返報　〉

（「梅林寺《ばいりんじ》文書」）

この書状は五日付、瀬兵衛《せいべえ》（中川清秀）に宛てたものできわめて重要な一級史料だ。秀吉が高松から姫路に向かう途上、備前野殿で発信されたといわれる書状で、まず前段二行は追伸で（原文は四行まで）、

「野殿まで引揚げ中に貴状を拝見しました。今日はなりゆきで沼（岡山市の北東部）まで移動します。古田佐助《ふるたさすけ》（古田織部《おりべ》）にも同様にご伝言ください」

と始まる。

そして問題の個所、

「こちらからも申し上げるべきところ、貴状を頂き心地良き限りです。只今、京より罷り下った者が確かに申すには、上様（信長）並びに殿様（信忠）は何の御別儀なく（支障なく）きりぬけなされ、世々ガ碕（膳所《ぜぜ》・滋賀県大津《おおつ》市）へ退却なされて無事であられるし、福富平左衛門《ふくずみへいざえもん》が三度戦い、その比類なき働きによって、何事も、事無きを得てまずはめでたい限り……」

と、信長父子の無事を強調しているのだ。

だが比類なき奮戦をしたはずの福富平左衛門秀勝《ひでかつ》は、信長父子のお伴をして無事に見え

るが、当然、二条御所で信忠と討ち死にをしていたのである。

一般的には、秀吉がこの偽情報を流すことによって味方の動揺を抑えるとともに、光秀が寄親《よりおや》（ここでは軍事組織の長のこと）である近畿管領軍の切り崩しを謀り、自陣側への参陣を呼び掛ける情報戦の展開が有利に運んだと主張されているようだ。

講談社刊の『週刊ビジュアル日本の合戦　Ｎｏ．４　羽柴秀吉と山崎の戦い』でも、次のように記載されている。


〈秀吉が流す「信長公は生存！」＝明智光秀との決戦に向け、姫路城をめざしていた六月五日、沼付近で、秀吉は摂津茨木の城主・中川清秀に一通の書状を出している。京都からの情報として、主君・信長とその長子・信忠は、本能寺の変で死んではいない。窮地《きゅうち》を脱して、膳所ケ碕で健在である、という内容だった。もちろんこれは事実ではない。中川清秀や近隣の高槻《たかつき》城主・高山右近は、秀吉と同じ信長配下の武将だったが、光秀の配下に入っていたため、光秀の謀叛に浮き足立っていた。畿内《きない》勢力の協力が必要だった秀吉は、彼らの動揺を抑えようと、あえて「偽情報」を流したのである。その効果か、十二日には清秀、右近、池田恒興が羽柴軍に合流した〉

だが、「信長父子生存」の偽情報を流した秀吉の真の意図は奈辺《なへん》にあったのかが問題である。

一口に「偽情報」と言っても、二通りの「偽書状論」が存在する。本人とは別の人間が書いた、いわば捏造《ねつぞう》された手紙と、本人が書いてはいるのだが内容が虚偽の手紙である。

六月二日付で光秀が発給したとされる、「もだしがたき遺恨を持ち、本能寺において信長親子を誅《ちゆう》し、素懐《そかい》を達し候」と書かれた『別本川角太閤記』のものと、「父子の悪逆天下の妨げ、討ち果たし候」(西尾光教《にしおみつのり》への大垣城受け渡し要請文)の二通は、前者である。川角三郎右衛門《さぶろうえもん》が事変四十年後の元和八年(一六二二)頃に『川角太閤記』としてまとめたものと、もっぱら一級史料とされている西尾光教宛で、後日編纂された『武家事紀《ぶけじき》』所収のものである。いずれも光秀の自筆の筆跡とはほど遠い。

一方、今問題にしている六月五日付で秀吉が発給した、清秀宛の「梅林寺文書」は後者である。

れっきとした秀吉の自筆文であるが、内容が偽の情報である。

問題は、なぜこんな偽情報を堂々と流せたかという点にある。

通常、この「偽書状」は、事実を隠して摂津の武将たちへ秀吉方に味方するように、せっせと書き送った書状として認められている。

だが、この「偽情報」が内包する真意、すなわち「信長父子を今しばらく生存させておく」という秀吉の計略はまったく理解されていないようだ。

たとえば中川清秀から、

「とんでもない、秀吉殿！　上様の御首級《おしるし》はもうすでに洛中に晒《さら》されておりますぞ！」

という連絡が来たのでは、さまにならない。

つまり、これだけの「信長父子生存」の確固たる偽情報を流せるということは、取りも直さず、「信長父子の遺骸《いがい》は絶対に見つからない！」という自信の裏付けが、秀吉にあったからに他ならない、と結論づけられる。

つまり、信長父子を自分の掌《てのひら》の内で処理したという確信なくしては、決して流せるような偽情報ではないのだ。

だからこそこの中川清秀宛の書状は、きわめて貴重な史料となるのである。

さらに、この秀吉の書状には、もう一つ重要な解釈が存在する。織田信孝・丹羽長秀辺りがいち早く、信長追悼《ついとう》の旗揚げをして、中川清秀・高山右近・池田恒興・細川藤孝・筒井順慶《つついじゅんけい》など、光秀の与力《よりき》（寄騎）衆が、「光秀追討」の陣に参加してしまっては、秀吉にとっては元も子もなくなってしまうのだ。もちろん信長父子が死んだことも、やがては織田家中の知るところとなることであろうが、信長父子をはじめ福富平左衛門にはしばらく生存していてもらい、「秀吉先陣」の光秀追討劇まで時間稼ぎをする、という意図を併せ持っていたのだ。

つまり秀吉が先頭に立って直接光秀と対決するまで、他の武将に旗揚げをされては困るのだ。それでは信長の後継者としての意義が薄くなってしまうからである。

そこで、この清秀宛と同様の「偽書状」が、高山右近・池田恒興ら、特に織田信雄にも発信されていたと思われるのだが、何よりもこの突発的な事変で情報が入り乱れる状況下にあって、信長父子の遺骸が未発見の段階においては、他者による「弔い合戦」を抑える効果的な役割を果たしたわけである。

●なぜ中川清秀は明智光秀を裏切ったのか

ところでこの書状は、実は中川清秀から受け取った書状への返書だった。

となると、明智光秀配下の与力（寄騎）である清秀が、寄親の光秀を差し置いてなぜ秀吉に書状を送っていたのかが、大きな問題になってくる。

清秀は、本来、同じ光秀配下の寄騎である高山右近や池田恒興などと、いずれかの地で合流し、光秀の指揮下でまさに高松に進軍しなければならなかったのである。

そこで一般論としては、

〈明智光秀が謀叛を起こし、信長が襲われたという報は、噂として諸将に伝わった。しかし、誰もがどう状況を判断して、どのように行動すべきか、戸惑うばかりだった。その一人が摂津茨木城主・中川清秀で、清秀は備中高松城に在陣している羽柴秀吉に書状を送り、意見を求めた〉（小学館刊『週刊　新説戦乱の日本史　中国大返し』）

ということになるのであろう。

天下の明智光秀も、だいぶみくびられたものだ。目下のところは暫時休暇中の近畿管領軍だが、ここ数年、生死を共にして戦って来た親分である光秀を差し置いて、子分の清秀がこともあろうに他の軍団の親分である秀吉に身の振り方を相談したというのだが、そこには二点が考えられる。

まず清秀をはじめ摂津三人衆のいずれもが、突発的な事変なので光秀の力量に不安を持ち、光秀方に参陣するか否かを決しかねていて、畿内近くに大軍を擁している秀吉の動向に注目し、相談したのではないだろうか。

そしてかかる事変の一連の行動目録として、秀吉はあらかじめ何らかの接触をこの摂津三人衆に試みていたとしか考えられない。秀吉の俊敏さではないだろうか。

かくしてこの「梅林寺文書」が奏功して、「山崎の戦い」で大勝利を収めた秀吉は、逆臣・明智光秀を滅ぼした実績を掲げて「清洲会議」の主宰の他、並居《なみい》る織田信雄・信孝を尻目に、京都・紫野大徳寺《だいとくじ》の塔頭《たっちゅう》・総見院《そうけんいん》で自分の養子・於次丸秀勝《おつぎまるひでかつ》（信長・四男）を喪主に仕立て、秀吉もさながら葬儀委員長を務め、信長の葬儀を天正十年十月十五日から七日間にわたって盛大に執り行なっているのである。

つまり、秀吉が信長の後継者であることを天下に知らしめるための葬儀だったのである。

信長には、れっきとした二男信雄・三男信孝という後継者がいるのにもかかわらず、「本能寺の変」勃発以来この方、秀吉が織田家再興のために動いた気配はまったく見あたらない。ただひたすら己の天下掌握へと邁進《まいしん》し続け、いよいよ「賤ヶ岳の合戦」で柴田勝家を破り、「天下盗り」へ王手を掛けたのだ。

この「梅林寺文書」の持つ意義の重要性を説明すると、以下のようになる。


六月二日に、「本能寺の変」が起きる。

光秀を追討する「弔い合戦」のために、秀吉は一万七千の兵を率いて一刻も早く東上し、光秀の防御の不備を衝《つ》かねばならない。

しかも一番早く東上して「弔い合戦」の名義人となり、ポスト信長の後釜に坐るべく最優先権を先取しなければならない。

それには目下対峙している毛利軍（小早川隆景）の協力が必要であり、その手立てとして、秀吉政権樹立後の毛利家の安堵《あんど》を約《やく》すことによって、世にいう迅速な「中国大返し」を敢行しなければならない。またそのためにも摂津三人衆を調略《ちょうりゃく》して、味方に引き入れることが肝要である。

それゆえに、この「梅林寺文書」の有効価値が存在するのである。信長生存の偽情報を流すことによって、上記の企てが成功する環境を盤石《ばんじゃく》なものにする。

さらに、光秀と姻戚関係にある細川藤孝、また光秀から恩顧《おんこ》を蒙《こうむ》っている寄騎・武将たち（筒井順慶、山岡景隆《やまおかかげたか》など）も含めて光秀から離反もしくは隔離（中立）させなくてはならない。

それらを一気に行なうための手段が、「梅林寺文書」だったのである。改めて、秀吉の権謀術数ぶりに驚かざるを得ない。

秀吉自筆「梅林寺文書」の重要性

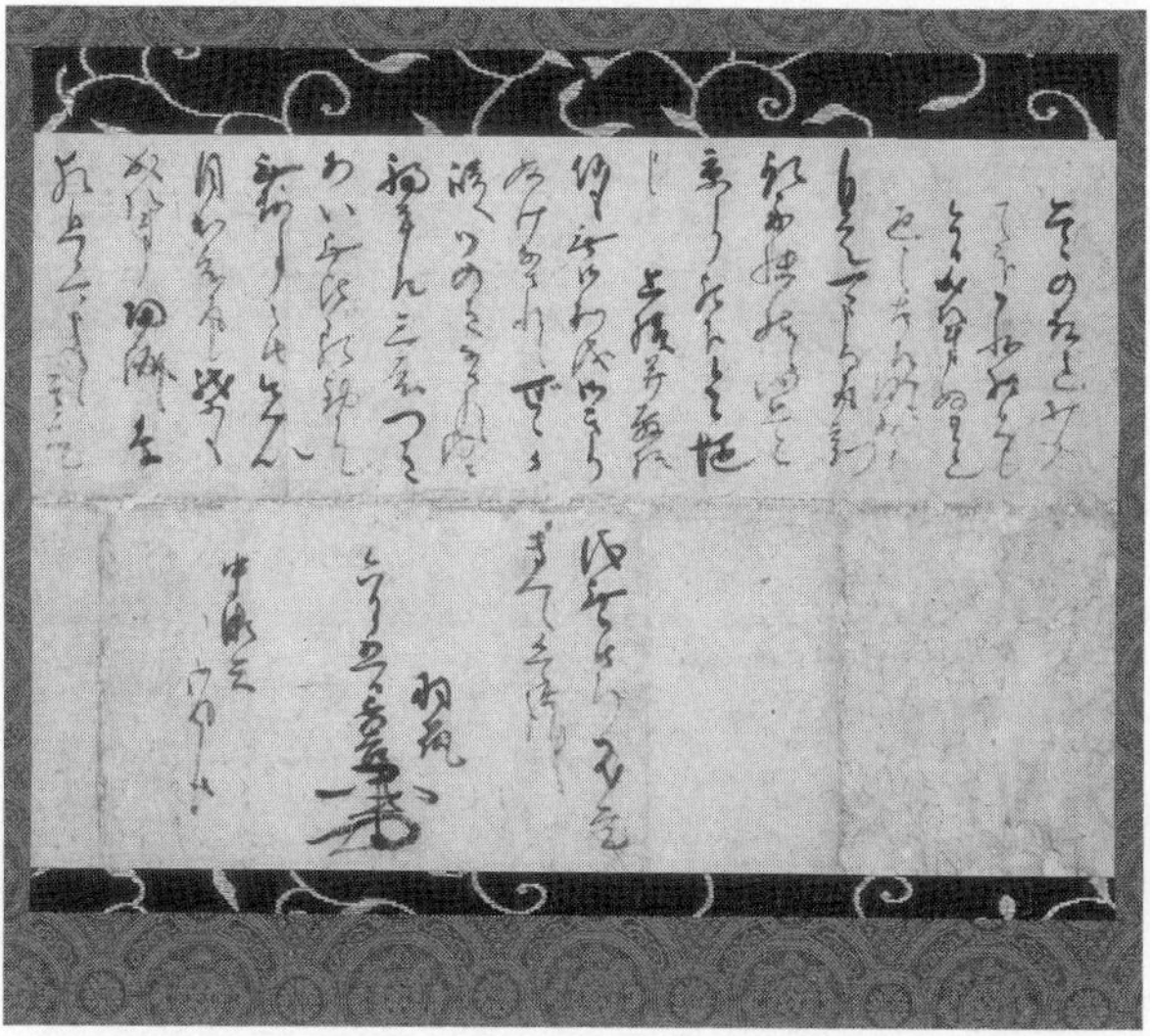

羽柴秀吉文書　中川清秀宛（梅林寺所蔵）

第三章

死の前日、本能寺で信長は何をやりたかったのか

●本能寺に持ち込まれた三十八点もの茶道具

信長は死の前日、「本能寺茶会」を開いている。ただし「本能寺の変」においては、「本能寺茶会」なる概念は通説化していない。つまり、私の造語ということになるだろう。

しかしこの「本能寺茶会」は、きわめて重要な一要因を内包している。

なぜ、織田信長は天正十年（一五八二）五月二十九日の大雨の中、わざわざ三十八点もの「大名物《おおめいぶつ》茶道具」を安土城から運んだのか。

そしていかなる「茶会」が催《もよお》されたのか。

これから毛利征伐に赴《おもむ》く信長が、なぜイエズス会宣教師フロイスのいう「日本の国家予算の半分にも値《あたい》する名器の数々」を携えて本能寺入りをしたのか。

ちなみに、「大名物」とは名物中の最古最貴の茶器のことで、主に当時の中国（明《みん》）から伝来し「唐物《からもの》」と称され、利休《りきゅう》時代の「名物」とは一線を画すものである。

私は茶道研究家で、茶道全般の他、特にこの大名物茶器の研究を始め、その各々の茶器の伝来、経緯を辿《たど》るうちに、信長が「名物狩り」と称して約二百七十七点に及び蒐集《しゅうしゅう》した厖大なコレクションにでくわし、さらなる研究を進めた。

そして、この「本能寺茶会」が持つ不可思議な因縁に気付き、またさらに深く掘り下げてみると、大きな陰謀が仕組まれていることを割り出したという次第なのである。

●茶会の相手は「公卿衆」ではない

さて天正十年三月、念願の宿敵・武田家を滅亡させた織田信長に残る敵は、東に北条家・上杉家。そして西の大名・毛利家を討ち果たせば四国・九州制覇はもう時間の問題で、いよいよ、念願の「天下布武」の達成目前となっていた。

同年五月十七日、毛利攻めの羽柴秀吉から援軍要請の早馬が到来し、

「このたびこのように敵と間近く接したのは、天の与えたよい機会であるから、みずから出兵して、中国の有力な大名どもを討ちはたし、九州まで一気に平定してしまう」（『信長公記』榊山潤訳）

と決意した信長は、その遠征に先だって、五月二十九日、三十八点の「大名物茶器」とわずかな供廻《ともまわ》りだけで急遽《きゆうきよ》上洛して本能寺に入り、未曾有《みぞう》の大事変に巻き込まれたのだ。その詳細は、

「御小姓二、三十名召列《めしつ》れられ、御上洛。直に中国へ御発向《はっこう》なさるべきの間、御陣用意仕候て、御一左右《ごいっそう》次第、罷《まか》り立つべき旨御触れにて、今度《このたび》は御供これなし……去程《さるほど》に不慮の題目出来して……」

（信長公はお小姓二〜三十名をつれられ御上洛。直ちに中国へ行く前に、陣立ての準備をし、「御一左右」すなわち、「御一掃」＝何かの懸案を解決してから出立するとの御命令で、このたびは付き従う軍勢がなかったために突発的事変に遭われた……）（『信長公記』榊山潤訳）

となるのである（なお、「御一左右」＝「御一掃」については後述する）。

ところが翌六月一日の雨の中、信長入京祝賀の名目で公卿衆約四十名が大挙して表敬訪問して来た。

そしてこの公卿衆相手に「本能寺茶会」を催したというのが通説になっているが、まったくの誤りである。

驚くべきことに、茶道の大専門家でもある桑田忠親氏さえもがこの説を肯定されてい

る。すなわち桑田氏は、

〈本能寺書院で安土から運んだ三八種の名物茶器を披露する茶会が開かれた……正客は近衛前久《このえさきひさ》で、筑前博多の豪商神谷宗湛《かみやそうたん》・島井宗叱《そうしつ》（宗室）も招かれていたらしい……〉

とはっきりと記しているが、その誤りの根拠を申しあげる。

・この公卿衆・大陳情団の中に、山科言経《ときつね》という公卿がおり、その日の彼の日記『言経卿記《ときつねきょうき》』にはっきりと「進物被返了」（進物はすべて返された）とある。つまり、信長は公卿衆からの進物をすべて断わった。すなわち招かざる客への「面会拒絶」の宣言そのものだ。面会拒絶の公卿衆を相手に茶会を催すこと自体があり得ないのが道理である。

・茶会に関白近衛前久や、博多商人も同席していたとあるが、殿上人と地下人《じげにん》が同席すること自体もあり得ないことである。

・陰暦六月一日はすでに盛夏であり、京の夏は蒸し暑く昼日中の茶会はあり得ぬことで、「朝茶会」でなければならない。

また、この時点ではまだ公卿衆には「茶の湯」の嗜好《しこう》がなく、さしもの「大名物茶器」

も公卿衆にとっては、さしずめ「猫に小判」か「豚に真珠」の類《たぐい》だったはずである。

この大陣情団たる公卿衆は雨の中、向こうから勝手に押しかけて来たのであって、面会拒絶にあっているので、その目的はまったく不明だ。なにしろその翌日、信長父子は遺骸すら遺さず、この世から完全に消滅してしまっているのだから。

明らかなのは、次の事柄である。

・「今度《こたび》関東打ちはたし候物語共被申候……」と、この年三月の武田勝頼討伐の軍功を信長は自慢げに上機嫌で公卿衆に語っている。

・このたびの中国征伐は、「西国の手つかい（毛利との合戦）、四日出陣可申候。手たてさうさあるまじき事……」と公言している。

・再度「改暦問題」を採り上げて勧修寺晴豊《かじゆうじはれとよ》という公卿を憤慨《ふんがい》させている（十二月閏《うるう》の事申出、閏有るべき由申され候、いわれざる事也、これ信長むりなる事と各申事也）。

最後の「改暦問題」について補足すると、信長は当年（天正十年）十二月に、閏月を入れるよう命じていた。禁裏が管轄する宣明暦《せんみようれき》（京暦）では翌十一年（一五八三）正月の後に閏月を入れることになっていたが、信長は、東国で流布している「三島暦」や「尾張暦」に基づいて主張していたのである。

『言経卿記』には「數刻御雑談、茶子・茶有之、大慶々々」とあるが、いくら不意の客衆とはいえ相手はれっきとした公卿衆でもあり、数刻も雑談をして粘られたのだから、軽いお凌《しの》ぎとして「松花堂弁当」のような粗餐《そさん》と酒が軽く振る舞われた後に、お茶が出されたのであろう。だが決して茶会ではなかったはずである。

「進物はすべて返された」のだから本来は「面会拒絶」のはずなのに、公卿衆が信長の「御成御殿」に上がり込んで、なぜ数刻にわたる会談ができたのか。信長にいささかの慶事があって面会が許可されたのだが、それについては後述したい。

●本当の客人は、この二人だ

ではなぜ三十八点もの「大名物茶道具」を大雨の中、わざわざ安土城から運んで来たのか。

その理由は実に明白である。すなわち博多の豪商茶人・島井宗室とその義弟の神谷宗湛に披露する茶会を催すためである。

二人は博多の豪商茶人であり、しかも島井宗室は大名物茶入「楢柴肩衝《ならしばかたつき》」の所有者として、つとに著名な茶人だった。

信長はその名物狩りですでに「初花《はつはな》肩衝」と「新田《にった》肩衝」を所持していたのだが、この「楢柴肩衝」を入手すると天下三大・大名物茶入が揃うことになり、まさに信長の垂涎《すいぜん》の的の「茶入」だった。

そもそも「茶入」が茶道具の中でも最高位の物とされ、大方は「肩衝」、「茄子《なす》」、「文琳《ぶんりん》」、「その他」などに大別できるが、なかんずく「肩衝」がその第一であり、「初花肩衝」、「新田肩衝」、そしてこの「楢柴肩衝」という銘のある三器をこの時点で揃って所持した者はおらず、今回この「楢柴肩衝」さえ入手すれば、信長こそが天下に隠れもなき最初の大茶人に成り得たのだ。

●事変前日の茶会は、実は正月に予定されていた

信長はまず天正十年の正月、島井宗室との茶会という名目で、その折衝を企てていた。

島井宗室とは何者なのか。宗室のプロフィールを『原色茶道大辞典』（淡交社刊）で見

てみると、

〈天文八年～元和元年、博多の豪商。酒屋土蔵を業とし、貿易商人として巨富を積み、大友氏をはじめ北九州の大小名らと結び、大友氏の御用商人である堺の天王寺屋《てんのうじや》道叱《どうしつ》らと交遊し、天正八年には堺に上り津田宗及《つだそうぎゅう》ら堺衆と茶の湯を交歓、すでに羽柴秀吉に面識を得たらしい。楢柴肩衝の所蔵も知られる。信長や明智光秀にも召された。本能寺の変には信長に随伴《ずいはん》していたともいわれる。利休の出世により、これに親近したが、天正十五年の九州の役には親戚の神谷宗湛と共に秀吉に献身、博多復興の衝にあたって両名に市政が委ねられた。（以下略）〉

とある。

島井宗室は天正十年の正月二十五日に、明智光秀の「朝茶会」にも招かれている。場所は坂本城の茶室で、招かれたのは島井宗室と津田宗及の二人（『天王寺屋他會記』）。床には、四方盆《よほうぼん》に肩衝茶入を載せ、炉は使わず風炉を使っている。これは信長から拝領した「平釜」を据えるためで、どうやらそのお披露目《ひろめ》の茶会だったらしい。光秀はその平釜拝領の経緯を得意そうに話したことであろう（「本能寺の変」が四カ月後に迫っていながら、まだ光秀には謀叛の意志がなさそうだ）。

後座《ござ》には、床に藤原定家卿《ふじわらのさだいえ》の色紙が掛けられ、前には硯《すずり》と文台《ぶんだい》が置かれ、光秀の歌道に対する深い素養が窺《うかが》える。

やがて霜夜天目《しもよてんもく》で濃い茶が、続いて高麗《こうらい》茶碗で薄茶が、いずれも光秀の点前で点《た》てられ客二人が服した。お茶が過ぎて光秀秘蔵の葉茶壺「八重櫻《やえざくら》」が持ち出され、宗室・宗及ともどもこれを愛《め》でて正月末の茶会が静謐《せいひつ》の裡《うち》に了《おわ》っている。

この光秀の茶会と同じ頃、信長の信任厚い堺の代官・松井友閑が正月十九日付で堺の茶人たちの塩屋宗悦《しおやそうえつ》、銭屋宗訥《ぜにやそうとつ》、津田宗及らに宛てた書状がある。

〈来る二十八日、上様、御上洛なされ候。御茶の湯のお道具持たれ、京都において、お茶の湯成され、博多の宗叱（宗室）に見せさせられるべき由、昨十八日仰せ出され候〉

とあって、京都で二十八日に茶会を催し博多の島井宗室に名物茶器を披露するので、お前たち堺衆もよかったら連れだって上洛するように、と書かれていた（『島井文書』）。

島井宗室は、天正八年（一五八〇）頃からしばしば上方の茶会にも席入りする機会が多くなり、山上宗二《やまのうえそうじ》、津田宗及をはじめ当時の著名な茶人、特に千宗易《そうえき》（利休）とは昵懇《じっこん》の間柄だった。だから信長から、わざわざ秘蔵の名物茶器を京都まで運んで見せてもらえるほどの大茶人になっていたのであろうか。

いや、信長にとっては三大名器の一つ、あの「楢柴肩衝」を所持するがゆえに島井宗室に大いなる関心を持っていたのだ。

信長は正月の茶会で、「楢柴肩衝」の譲渡を画策していた。ところがこの信長の茶会は何らかの理由で沙汰《さた》やみ、中止になってしまった。

その理由としては、「武田攻め」の一大極秘作戦が急遽持ち上がって来たからでもあろう。この事実は京都吉田神社の神主・吉田兼見（兼和《かねかず》）卿の日記『兼見卿記』（天正十年正月の条）に、

・二十六日、乙酉、京都所司代・村井貞勝《むらいさだかつ》訪問。二十八日信長様御上洛との由。
・二十八日、丁亥、信長様の御上洛が延期されたとの由。

とあることからも充分に裏付けされている。「光秀茶会」のもう一つの理由としては、宗室への画策を今後に繋《つな》げるためというのも考えられる。

●信長を京都におびき出すための罠

さてこんな折に、島井宗室が五月中旬から京都に滞在しており、六月の初旬には博多に向けて京都を後にする旨の情報が、信長の許にもたらされた。

ところが、これこそ実は信長を京都におびき出すための、紛れもなく周到に仕組まれた「罠《わな》」だったのである。

信長にしてみれば、玩具屋の前で物をせがむ小児さながら、宗室在京のこの機を逸したら当分「楢柴肩衝」入手の機会が遠のく、という焦りがあり、なんとしても宗室に逢いたい。だが初対面の博多の豪商に、「余の上洛まで待て」とは、いくら信長にしてもまだ言えない。とにかくこちらから逢いに行くしかない。

折から「家康饗応中《きょうおうちゅう》」の五月十七日、援軍を要請する羽柴秀吉の早馬により「天下布武」達成の最後の決戦たるべく、西国制覇のため自らも軍勢を率いての出陣を決意したところでもあり、明智光秀、筒井順慶の軍が上洛する前に一足早く京都へ赴いて、ぜひとも「楢柴肩衝」の話だけは付けておきたい。

そのため千宗易から島井宗室に連絡をさせ、「六月朔日なれば、上様の御館（本能寺）に参上仕《つかまつ》る」との確約を得たのであろう。

かくして信長は安土城から三十八点の「大名物茶器」を運んで「楢柴肩衝」の茶入欲しさに五月二十九日の大雨の中、もっとも無防備な形で、本能寺に入ってしまったのだ。

この事実は、単なる推論ではない。三十八点の「大名物茶器」に関して、「本能寺の変」より十一年後の文禄二年（一五九三）、堺の茶人・宗魯《そうろ》によって筆録《ひつろく》された『仙茶集』の中に、「島井宗叱（宗室）宛長庵《ちょうあん》の道具目録」が収録されており、その冒頭に「京ニテウセ（失せ）候道具」とあって、以下、件《くだん》の三十八点が記載されている。

・作物《つくも》茄子（九十九茄子）
・珠光《じゅこう》茄子
・円坐《えんざ》肩衝
・勢高《せいたか》肩衝
・万歳《ばんぜい》大海
・紹鷗白天目《じょうおうしろてんもく》

・犬山灰被《いぬやまはいかつぎ》
・松本茶盌《ちゃわん》
・宗無茶盌
・高麗茶盌
・数の台二つ
・堆朱《ついしゅ》の龍の台
・趙昌《ちょしょう》筆の菓子の絵
・古木《こぼく》の絵
・小玉澗《ぎょかん》の絵
・牧谿《もっけい》筆くはいの絵
・牧谿筆ぬれ烏の絵
・千鳥香炉
・二銘《ふたつめい》の茶杓
・珠徳《じゅとく》作の浅茅《あさじ》茶杓
・相良《さがら》高麗火筋《ひばし》　同鉄筋《てっぱし》

・開山五徳の蓋置
・開山火屋《ほや》香炉
・天王寺屋宗及旧蔵の炭斗《すみとり》
・貨狄《かてき》の舟花入
・蕪《かぶら》なし花入
・玉泉和尚《ぎよくせん》旧蔵の筒瓶《つつへい》青磁花入
・切桶《きりおけ》の水指
・かへり花水指
・占切《しめきり》水指
・柑子《こうじ》口の柄杓《ひしやく》立
・天釜《てんがま》
・田口釜
・宮王釜
・珠光茶盌
・天下一合子《ごうす》水翻《みずこぼし》

・立布袋香合《たちほていこうごう》

・藍《らん》香合

（事変後焼け跡から、作物茄子と勢高肩衝の二点が拾い出されて現存している）

そして結びに、差出日「六月一日」、差出人の楠木《くすのき》長庵の在判で、「三日月、松島、岸の絵、万里江山、虚堂智愚《きどうちぐ》（中国南宋の臨済宗の高僧）の墨跡、大道具に依って安土に残置候。重ねて拝見仰付らるべく候」とある。つまりこの『仙茶集』を信じる限りにおいては、信長が島井宗室に披露するためにわざわざ安土から、この三十八点の「大名物茶器」を運んだことがはっきりとわかるのだ。

そして「三日月、松島の葉茶壺、虚堂智愚の墨跡などは大道具なので今回は安土に残して来たが、またの機会に見せるであろう」と約束をしてもいる（差出人の楠木長庵は南朝の忠臣・楠木正成《まさしげ》の後胤《こういん》という家譜を持ち、信長の側近中の側近ともいわれ、右筆《ゆうひつ》役を務めていた人物）。

●京都の茶人こそ「本能寺の変」の司令塔だった

三十八点の「大名物茶器」をわざわざ安土から持ち込んだ事実だけを知ると、どうしてもこの四十余名の公卿衆への茶会に振り当ててしまう。

だがこの表敬訪問は、前述のとおり、公卿衆が一方的に押しかけて来たものである。

六月朔日はもうすでに真夏であり、当時の慣習としては当然「朝茶会」であったはずだから、島井宗室、神谷宗湛たちが目も眩《くら》むような名器を前にして十二分に茶会を堪能した後に、この公卿衆が押しかけて来たことになるのである。

また名器類を仔細《しさい》に見ると、茶入（六点）、茶盌（五点）、掛軸（五点）、花入（三点）、水指（三点）、釜（三点）、など複数化しているので、宗室・宗湛両名を招いての茶会に仕組んで飾る道具立（実際の茶事に使う物）と、拝見させるために飾る茶器類に当然分けていたのであろう。

島井宗室は名うての豪商だから、信長に見込まれた「楢柴肩衝」は、「上様の天下統一の御祝に、御献上仕る」という次第で献上を約し、代わりに博多商圏の利権なり、名器の寄贈に与《あずか》ったりしたことであろう（「楢柴肩衝」は当日持参してない）。

ところで一体誰がこの「朝茶会」の茶頭《さどう》（点前等の一切の振る舞い）をしたのであろうか。

信長の三人の「御茶頭《おさどう》」のうち、今井宗久《いまいそうきゅう》、津田宗及の二人はちょうどその日は堺にあって、賓客《ひんきゃく》の徳川家康、穴山梅雪《あなやまばいせつ》一行の接待におおわらわであった。

『天王寺屋自會記』や『宇野主水《うのもんど》日記』によれば、家康一行は今井宗久宅で「朝茶会」に招かれ、日中は津田宗及宅で「茶事」を行なっているのだ。

そして残る一人の千宗易は、なぜかしばらくの間、行方不明になるのである。つまり三人とも、体裁良くクーデターの難を避けていたことになる。

そこで茶頭として考えられるのが、長谷川宗仁《はせがわそうにん》である。長谷川宗仁が「本能寺茶会」に居合わせた可能性は、非常に高いともいえる。

なぜならば信長に仕えつつも、「本能寺の変」を羽柴秀吉にいち早く通報したというのが通説化しつつあり、しかも後年は秀吉の寵臣《ちょうしん》になったという御仁《ごじん》だからである。

かつまた「本能寺の変」の陰謀には、欠かせない人物の一人だからだ。

この長谷川宗仁は京都の有力町衆茶人で、信長に見《まみ》えるのは、信長が上洛した翌年の永禄十二年（一五六九）頃からである。同じ茶人で政商の堺衆・今井宗久と組んで信長に仕え、宗久ともどもその見返りとして都市やその周辺の直轄地の代官職が与えられ、特権的町衆として都市に君臨するようになったともいわれている。

長谷川宗仁は『信長公記』に三回も登場し、さらに豊臣政権下では秀吉の寵臣ともなる曰く因縁のある人物である。

信長の本能寺在泊の確認およびその警固態勢もつぶさに秀吉に報告し得る、「本能寺の変」実行司令塔もしくは「情報統括者」として、欠かせない役割を担っていたと思えるのだ。

かくして島井宗室、神谷宗湛を招いての「本能寺茶会」も無事に御開きになるや、この長谷川宗仁は六月一日の夕刻までには、巧みな口実で本能寺を辞していたことであろう。

一方通説ではこの島井宗室、神谷宗湛の両名はその晩本能寺に宿泊して翌払暁《ふつぎょう》、事変に巻き込まれたという。しかし、強か者の両人のこととて宗室は床に掛かっていた空海《くうかい》筆の『千字文』を、また宗湛は牧谿筆の『遠浦帰帆図《えんぽきはんず》』を相携えて脱出したとまことしやかに伝えられている。万余の明智軍が取り囲む本能寺からよくもまあ無事に脱出できたことと不思議に思われる。

あろうことか門外で明智光秀が「坊主、達者でおじゃれよ！」と、法体《ほったい》の島井宗室に向かって馬上から声をかけ逃がしたともいわれているのである。

これでは、宗室が「本能寺茶会」の情報を光秀にもたらしたかのごとくである。

かくしてこの「本能寺茶会」で信長は、執心していた「楢柴肩衝」を囮《おとり》にされて儚くも逝ってしまったのである。

●黒幕としての千宗易

では一体誰が宗室、宗湛の二人をこの茶会に招くコーディネーターの役割を果たしたのか。

そしてこの無防備な空間が、たまたま偶然にできたのか。はたまた周到緻密な計画の許にねられたものなのか。

これらは、「本能寺の変」の真相を解く最大の鍵であると思われる。

そして信長の「御茶頭」のうちの二人、今井宗久、津田宗及が時あたかも賓客・徳川家康一行の饗応におおわらわだというのに、肝心のもう一人の「御茶頭」である千宗易すなわち千利休の動向は、まったくわかっていないのである。

平成十四年（二〇〇二）、私が京都に出掛けた際、『春季特別展』（珠光から利休へ　侘茶の確立）を観るために野村美術館に足を運んで、「少庵《しょうあん》宛消息文」の前に立ったその時、思わず背筋に戦慄《せんりつ》が走ったのを今でも鮮明に覚えている。少庵とは、千宗易の養子である。

この消息文が、私の「本能寺の変」検証の観念を一変させた。

一方、「読売新聞」のコラムでも、「千利休直筆の手紙」「本能寺の変の五日前※」「戦国時代の第一級史料」、「息子宛て・政治の動きに強い関心」などという見出しで、〈利休研究家らは「変直前の動きを伝える生々しい記録と同時に、利休が政治面に強い関心を示すなど当時の利休像をさぐる第一級の新史料になる」と評価している〉と書かれていた。

この消息文は大阪市内の実業家が所有していたが、野村美術館の手で発見され、同館に展示されたのである（※「五日前」は誤りで、「三日前」）。

早速解明に当たると、

〈殿様不被成　御下向候付而我等式を初南北名々力をうしなひ候　茶湯失面目　かへすがへす御残多次第　御残多次第　恐々謹言　追伸　上様御成御上洛候旨承候　播州いかが候哉聞候事候者早々可承候　以上　五　二十八日　宗易(判)　小庵参る〉

（現代語訳）

予定されていた殿様（信忠）が、堺に御越しになられないというので　私はじめ堺衆は力を失い、準備していた茶会も無駄になり、返す返すも残念、無念である。追伸　上様（信長）御上洛との由、承った。播州（秀吉）はどうしているのか？　情報がわかり次第、早々に連絡を請う。

以上の書状を少庵に出して以来、千宗易の名は確実な史料にはまったく登場していないのだ。三日後にはとてつもない大事変が勃発しているというのに、宗易のこの長き不在はどういう意味合いを持っているのであろうか。

千宗易はこの二十八日の時点で、翌二十九日の信長上洛の予定を確実に入手していたことになり、少庵からもさらに念を押されているかのようだ。

もとより宗易は信長の信任も厚く、しかも近侍《きんじ》していたので、信長の行動予定も耳に入りやすかったであろうことが推測される。信長の許で、島井宗室が拝見の機会を得て喜びそうな茶器類の選別をしていたのかもしれない。この極秘事項（「本能寺茶会」）を宗易が知っていたことだけは紛れもない事実であろう。

ところがさらに不可解なことがある。

「秀吉は、どうしているのか？　情報がわかり次第、早々に連絡を請う」

と、なぜ秀吉の情報を欲しがるのだろうか。もしくは秀吉から何か緊急の指示を待っていたのだろうか。息子少庵がその伝令役を受け持っていたのだろうか。

秀吉といえばいわずもがな、京都から約二百キロ離れた備中高松の地で目下「高松城水攻め」の真っ最中であり、しかも毛利軍五万の大軍に逆包囲され信長に早馬で援軍を請うている状況で、信長も島井宗室との「本能寺茶会」が済み次第、六月四日頃京を出立して毛利攻めに向かう手筈であるというのに、どうしてこうも執拗に、秀吉の情報を気遣うのであろう。

ここにこそ「本能寺茶会」を設《しつら》え、信長を本能寺まで誘《おび》き出す仕掛けが垣間見られる。

この少庵宛の書状は確かなものだから、「織田信忠が五月二十五日前後に堺を訪れ茶会を催すことになっていたが、急遽、信長上洛の警備に当たるため取り止めになってしまったので、この書状を出した後、宗易はがっかりしてその後消息不明になってしまった」というのだ。

やがて宗易は六月十日前後にやっと尼崎で、中川清秀（茨木城主）と会っていたという史料がある。中川清秀といえば、秀吉が高松から京都に向かう途上の六月五日付で問題の「返書」（秀吉の偽書状）を受け取った武将であることは前述した（「梅林寺文書」）。

その文中、「古佐（古田織部）にもよろしく伝えられたい」とある。この織部は、清秀の義弟であった。しかも後年「利休七哲《しちてつ》」の一人となる武将である。ということはさしずめ、宗易はこの織部に会いがてら清秀の秀吉方参陣の駄目押しに行ったのであろうか、という実に意味深長な成り行きであるといわざるを得ないのである。

●信長が少人数で上洛することはトップシークレットだった

信長の、わずかな供廻りだけでの上洛は当然極秘事項であって、それを知りえる輩とは、信長上洛の通達を受けた信長周辺のごく限られた者たち、そしてこの「本能寺茶会」

を姦計《かんけい》をもって設《しつら》えた者たちだけである。もし光秀が知り得たとしても当然、一千は下らない兵を擁《よう》しての上洛と思ったことであろう。

またこの五月二十九日は、主だった公卿衆が信長の上洛を迎えるために山科《やましな》まで出向いて数刻待ったが、午後から大雨で、「御出迎へ御無用」と御乱《おらん》（森成利《なりとし》〔長定〕＝通称森蘭丸）からの先触れがあったので急ぎ帰る。

「信長様は午後四時頃御上洛」と『兼見卿記』にも記載されているが、これは京都所司代・村井貞勝から「朝廷」に通達があってのことで、この公卿衆でも最低限二、三千の兵を従えての上洛と予想していたはずである。

よもや三十数騎での上洛とは、誰も夢想だにしなかったことであろう。

信長は元亀元年（一五七〇）五月二日、千草《ちぐさ》山中で杉谷善住坊《すぎたにぜんじゅぼう》による狙撃未遂という難を危うく逃れ、その後は自らの行動計画に異常なまでの警戒網を敷いてきたが、天正十年のこの時点ではもう近畿に敵はなく、京都はまさに信長の庭みたいなものだったのだ。

そして念願の「本能寺茶会」も無事に済んだら、合流した明智勢・筒井勢を率いて六月四日に京を出立し、高松城への途上、摂津衆（中川清秀・高山右近）、兵庫衆（池田恒興）、丹後衆（細川藤孝・忠興）など各々五、六千の兵が合流して、三万有余の陣容となる予定であったと思われる。

ちなみに、この「本能寺茶会」が、最初に予定していた正月にそのまま実施されたとしたら、「本能寺の変」は勃発していなかったことになる。その状況設定が、六月とはまったく異なっていたからだ。武田家もまだ滅亡していなかったし、信長もまだ「天下布武」への王手を掛けていない状態だった。

羽柴秀吉にしても、肝心の中国方面軍司令官として中国入りをしておらず、秀吉による信長暗殺の台本もまだ調《ととの》っていなかったからだ。

だが信長のみは島井宗室にどうしても逢いたい、すなわち「楢柴肩衝」がどうしても欲しいという執念だけが横溢《おういつ》だったのである。だからこそ同じプログラムを構成しさえすれば信長は必ず食指を動かして乗ってくる、つまり、信長を簡単に京都（本能寺）まで誘《おび》き出せるわけだ。

かくしてあまりにも「楢柴肩衝」に執着しすぎた織田信長の悲劇が、憐《あわ》れこの「本能寺茶会」で終演の幕を下ろす結果に至ってしまったのである。

●「御一左右」は「御一掃」ではなかったのか

織田信長の上洛は、中国制覇の道すがら、懸案の「楢柴肩衝」問題を片付けるために「本能寺茶会」を催すことが眼目であったと私は断じたのだが、たまたまそれが太田牛一が書いた「御一左右次第」と意味合いが重なったので、前々著で「御一掃次第」を流用した次第である。

ところが、『信長は謀略で殺されたのか』（鈴木眞哉《すずきまさや》・藤本正行《ふじもとまさゆき》共著・洋泉社）という書籍で俎上《そじょう》に載せられ、

〈茶道研究家の井上慶雪氏の近著『明智光秀冤罪論』（叢文社・二〇〇五年）がその好例で、八切（止夫）氏の著書に立脚し、高柳氏の著書の誤読から、「一左右」を「一掃」とする誤解まで引き継いでいる。井上説は、真犯人は秀吉で、黒田官兵衛と茶道宗匠の千利休がそれを扶《たす》ける構図である〉

と指摘されたのである。

さらに鈴木・藤本両氏は、

〈読者の方々は、ここで手元の国語辞典を取り出し、「一左右」を引いていただきたい。「一度の便り」とか「一報」とあるはずだ。これを前掲の『信長公記』に当てはめて見れば、「直ちに中国へ御発向……」の個所は、「ただちに中国へ出陣するから、その用意をしておき、一報があり次第、出発せよとの陣触れで」と無理なく解読できる。つまり八切氏の推論の鍵となる「一掃」とは「一左右」の単純な誤解だったのである〉

と主張しているのである（八切止夫氏は昭和四十二年［一九六七］、『信長殺し、光秀ではない』を出版して話題となり、「本能寺の変」再編のまさに嚆矢《こうし》とも言えよう）。

そこでもう一度、問題の『信長公記』を見てみよう。

「御小姓二、三十名召列《つ》れられ、御上洛。直に中国へ御発向なさるべきの間、御陣用意仕候て、御一左右次第、罷り立つべき旨御触れにて、今度は御供これなし……去程《さるほど》に不慮の題目出来《しゅったい》して」

右の「御一左右次第」に「御一報次第」を置き換えてみれば一目瞭然であると鈴木・藤

本両氏は言われるが、そもそも信長は当日押しかけて来た公卿衆に、六月四日に中国に向けて出立する旨を言明していた。

しかもこの京都から、信忠が警固目的のための、たかだか百五十～五百くらいの手兵だけで出立するわけにはいかない。つまり信長はある程度の兵を京都に集め（明智・筒井勢約一万）、途上摂津衆、兵庫衆、丹後衆等と合流して三万有余の陣容を用意していた。

そこで鈴木・藤本両氏のいう、「一報があり次第、出発せよとの陣触れで……」の件だが、この「一報があり次第」とはどういう意味合いになるのであろうか。

信長はすでに京都にいるのだから一体誰からの「一報があり次第」なのかが、皆目わからなくなってくるのである。むしろ、「余の命令次第」ならば理解できるが、信長は他者からの「一報」を待っていたわけでは決してない。

だからこそ、ここはやはり「懸案を解決してから」、すなわち「御一掃次第」の方が、その時京都にいる信長のシチュエーションを勘案するならばごく自然な文体になるのである。

もっともその時本能寺の現場にいなかった太田牛一が記したものだから、しょせんこの「御一左右次第」もいい加減なものではあろうが、島井宗室に対する「本能寺茶会」は紛れもない歴史的事実なのだからと、改めて両氏に以下のことを問い直したいのだ。

〈結論を言えば、光秀の謀反が成功したのは、信長が少人数で本能寺に泊ったからだ。そういう機会はめったにない。また、光秀が疑われることもなく大軍を集め、襲撃の場所まで動かせる機会もめったになかった。光秀にとってこれらの好条件が重なったとき、初めて本能寺の変は成功したのである。すなわち本能寺の変は、きわめて特異な《環境》の下でしか発生しえなかった事件なのである〉

さらに、両氏は「偶然のチャンス」とタイトルして、

〈本能寺の変直前の状況を、ことに信長と光秀という二人の主役の動向を見れば、天正十年六月二日が、光秀にとって謀反を起こす絶好の機会だったことは明白である。

信長は少人数で防備の手薄な本能寺に泊っている。おまけに信長の後継者の信忠も京都の妙覚寺に泊っていた。もっとも、こちらは堺に移ったと光秀は考えていたかもしれないが、信長さえ討ち取れば、織田家はすぐに反撃できないはずだ〉

すなわち鈴木・藤本両氏の指摘では、太田牛一が記した「御一左右次第」もさりながら、明智光秀が、「きわめて特異な《環境》の下でしか発生しえなかった事件」で謀叛を起こしたことになるが、第六章で歴史研究家の桐野《きりの》作人《さくじん》氏の史論ともども、まとめて検討したい。

ともあれ、信長・信忠父子が手薄な陣容で、同時に京都にいることを光秀が察知できるだろうか。いや、そのような状況を姦計をもって設えられるだろうか。

つまり、五月二十五日頃、信忠を堺に迎える「茶会」の設営の企みと、信長の「本能寺茶会」設営はまさに表裏一体となって緻密に仕組まれた「罠」だったのであり、それこそがこの「本能寺茶会」の本質的な意義、すなわち羽柴秀吉が仕掛けた陰謀だったのである。

第四章

「日記」が語る、秀吉の陰謀

●なぜ二種類の日記を書きわけたのか

「本能寺の変」研究において、『兼見卿記』の「正本」・「別本」の存在こそ興味津々たるものであろう。この日記の著者たる吉田兼見は、天正十年（一五八二）の初めから同年六月十二日まで正本・別本の二冊の日記を執筆して、一冊（別本）を明智光秀用に、またもう一冊（正本）は羽柴秀吉用に分けて纏《まと》め上げていたわけであり、ただただ驚きの極みだ。

光秀用に記《しる》されたと思われる日記は、六月十二日（「山崎の合戦」前日）を以て執筆が終わって「別本」となり、秀吉用と思われる日記が「正本」となってそのまま継続されている。

近々、必ず「本能寺の変」のような事変が出来し、また「山崎の合戦」のような事態も必然的に発生するであろうから、その各々の勝者のための日記を執筆しておき、秀吉用の日記に「六月十三日、巳亥、雨降　於山崎表及合戦、日向守令敗軍」と記すや、光秀用の日記の執筆を前日の十二日で取り止め、「別本」としたのである。

秀吉の優勢はわかっているが、念のため、光秀方の勝利の場合にも対応できる態勢を取っていたのだ。このような準備ができる兼見は、秀吉から「本能寺の変」のようなことが起きると聞いていた、すなわち秀吉の陰謀のスタッフであったと考えられる。

神道の神主として、その「吉凶の占卜《せんぼく》」を生業《なりわい》とする身でありながら、自分自身の占いでは光秀―秀吉間の勝敗の帰趨《きすう》がわからず、各々記す事象を変えた二冊の日記の執筆となったのであろう。

●秀吉と光秀を両天秤に懸けていた強《したた》かな神主

『兼見卿記』は『原色茶道大辞典』（淡交社）には、

〈神祇《じんぎ》官長上（神道の家元）で、京都吉田神社の神主職を握って吉田神道の宗家となった兼見卿の日記。十八冊。元亀元年から文禄元年までと、慶長十五年までの日記が現存する。兼見は公武の神事祈禱《きとう》をつかさどり、信長、光秀、秀吉に好遇されたため、当時の歴史・文化の研究資料を豊富に含んでいる。茶の湯に関しても、秀吉の大徳寺総見院大茶

会・禁裏茶会・北野茶会・利休自刃のことなど見るべき記事も多い〉

とある。

この吉田兼見は、明智光秀とは元亀元年頃からかなり親しい間柄であった。そこでこの『兼見卿記』から二、三拾い読みをしてみると、

天正四年十月四日の日記には、

「惟日女房所労也、祈念之事由来……」（惟任光秀室の病気祈念を依頼されるのだが）と書かれている。また、十月二十四日の日記には、こうある。

「惟日女房衆験気《げんき》也、先日祈念祝着之由、以非在軒折帋銀子一枚到来……」

（惟任光秀室が験気して＝少し快方に向かって、先日のご祈念のお陰様にてと、銀子一枚が届いた）

そして次のように続く。

「十一月二日　惟日女房衆所労見廻罷向、惟日面會」（惟任光秀室の病気見舞いに赴き、光秀に面会した）

ところが同月七日、病状が急変したのか、この日に明智光秀室が病没した。光秀の菩提寺である大津市・西教寺《さいきょうじ》の過去帳には「十一月七日（天正四年）福月真祐大姉　明智光秀殿御臺当寺ニ葬ル廟有リ」とある（なお『兼見卿記』ではこの七日から十九日まで、日記が欠落している。恐らく葬儀に参列か）。

また天正八年三月二十八日には、「惟日此間普請《ふしん》也、為見廻下向坂本、召具侍従、果子一折五種持参、面會、相伴《しょうばん》夕食、入魂機嫌也、普請大怱驚目了」（大津・坂本に惟任光秀の城普請の為、進物を携えて見舞い、光秀も大変喜び歓待され、夕食をご相伴する。城普請の見事さに目を見張った……）と記されている。あの宣教師フロイスも絶賛した美城だ。

さらに天正十年に入り正月二日、兼見は、こう記している。

「為惟任日向守為坂本へ被下、御祓・百疋持参、面會、於小天主（守）有茶湯・夕食之儀、種々雑談、一段機嫌也……」（惟任光秀への新年の礼問《らいもん》のために坂本城に赴き小天主閣で茶会、および夕食の振る舞いを受け、種々話もはずみ、光秀もことのほか上機嫌だった）

（ちなみにこの後の二十五日に光秀は、島井宗室、津田宗及を同じ坂本城に招いて茶会を催している）

だがこのような並々ならぬ光秀との深い親交も、神道界での己の立身出世のためには袂《たもと》を分かたねばならなかった。

そもそも吉田家は、代々神に仕える家であり、その中興の祖と目される吉田兼熙《かねひろ》は、当時の将軍・足利義満《よしみつ》に近接し南北朝合一の一端を担い、その政治力を生かして公武両勢力の力を伸張して、吉田家開闢《かいびゃく》以来初めて従三位に昇り、吉田家が日本神道界の支配者的存在になる礎《いしずえ》を築いた。

さらに次代の吉田兼倶《かねとも》がさらなる政治手腕を発揮して、出雲大社のような大社以外の地方神社は、事実上すべてが吉田神社の支配下に入ることになったのだが、中央圏ではあと一歩の段階で終わっていたのである。

かくして兼倶から五代目の吉田兼見の代に入り、信長政権下では達成できそうにもない中央圏制覇が、いよいよ、ここに至って実現の運びとなりつつあった。つまりは秀吉の天下掌握後初めて実現するのだが、もちろん光秀の天下の下でもよかったのである。

つまり、吉田兼見なる人物は、単なる秀吉方への加担者というよりは、かなりの強か者であり、秀吉方への加担者と見せかけて実は光秀・秀吉を両天秤に懸けた尋常ならざる者だったのだ。

秀吉によって緻密に仕組まれた「天下達成劇」が紛れもなく成功するだろうと、秀吉に協力を相勤めている兼見ではあるが、光秀の力量も動かしがたく、はたまた備中高松城水攻めの秀吉が毛利軍によって逆包囲されている下馬評なども流れれば、いかに策士・兼見としてもおいそれと秀吉の天下達成を鵜呑《うの》みにするわけにもいかない。

このようなことから、どちらが勝利しても良いように「正本」「別本」が作成されたことになるのだ（もちろん光秀が勝利すれば「別本」が「正本」に直ることは当然である）。

●公卿たちの日記は、あとから都合よくリライトされている

かつて私が読売文化センターの教室で、《「本能寺の変」の謎を解く》を講義した折、受講生から、

「山科言経による『言経卿記』や勧修寺晴豊の『日々記』（『晴豊公記』）など、六月二日の公卿たちの日記に、はっきりと明智光秀が本能寺・二条御所を襲撃して信長父子を死に至らしめた謀叛と書いてあるではないですか。光秀が実行犯であることは間違いないのでは？」

との反論があった。

いかにもこれだけ名立たる公卿衆の日記だから、明智光秀の謀叛を歴然たる事実と受け止めるのも無理はないが、その記述を一応列挙してみる。

『言経卿記』――六月二日、戊子、晴陰一、卯刻前右府本能寺へ、明智日向守依謀叛押寄了、即時ニ前右府打死、同三位妙覚寺ヲ、下御所へ取懸之処ニ、同押寄、後刻打死、村井春長軒《しゅんちょうけん》已下悉打死了、下御所ハ辰刻ニ上御所へ御渡御了、言語道断之為躰也、京洛中騒動、不及是非了

『日々記』（天正十年夏記）（勧修寺晴豊）六月二日条 二日天晴、未余いね候て有之処ニ袖岡越中来り、明知（明智）本のう寺法花寺也、信長いられ候所へ明知取懸、やき打ちニ申也由申候、そのま、出候て二条之御所へ参卜候へば、はや人数取りまき、入り申事不成

『言経卿記』も『日々記』も光秀が信長と信忠を討ち取った（「打死」「やき打ち」）と記している。

だがここで、視点をちょっと変えてみたい。

宣教師フロイスが『欧日文化比較論』の中で、「反逆は日本ではありふれたことなので、ほとんど非難されていない」と書いている。

戦国時代においては、「反逆者」とか「謀叛人」などの言い方があまりなかったのだ。つまり戦国時代とは、「三度《みたび》主人を替えないと、武士ではない」ともいわれた時代だったのである。

また歴史研究家の桐野作人氏はその著書『信長謀殺の謎』の中で、〈当時、公卿の日記は、他人の目に触れさせるのを前提としていた〉と述べている。つまり必要に応じて時の為政者からの検閲には、当然応じなければならなかったのだ。

天正十年六月二日のこの時点で光秀は、まさに天下人としての権力を掌中に握りかけていたのだから、利に聡《さと》い公卿衆であるならば、光秀の天下が当分続くと咄嗟《とっさ》に判断したことであろう。

なぜならば今、信長の勢力圏に思いを馳《は》せれば、

・羽柴秀吉は備中高松で毛利軍に逆包囲され、その援軍を請うており、

・柴田勝家は越中で上杉軍と対戦中で、その勢力を費やしており、
・滝川一益《たきがわかずます》は関東管領として、上州（前橋）にあり、
・織田信孝・丹羽長秀軍は、四国制覇に向けて渡海寸前である。

この間隙《かんげき》を狙った明智光秀のクーデターこそ、これはひょっとすると光秀による、織田信長の強権政治の呪縛《じゅばく》を解き放つ大革新、大刷新に化けるかもしれないと思うのが、ごく自然のことであろう（ただし吉田兼見を除いての話だが……）。

それなのに堂々と『言経卿記』のように、

「本能寺へ明智日向守謀叛により押寄せ、即刻右府（信長）討死……言語道断の為躰也《ていたらく》……」

とは、いくら何でも書けるわけがないのだ。

光秀の天下ともなれば、それこそ「一殺多生《いっせつたしょう》」の論理で、信長を斃《たお》すことで光秀こそ時代の新しき英雄であらねばならない。

それをかような「謀叛人」呼ばわりの表現となっては、それが後々、光秀側に知れでもしたら大変で、山科言経卿こそ逆に「言語道断の輩」、つまり反体制の分子として処分さ

れ、命はないことにも成りかねない。

だからこそ公卿の日記のほとんどは、この事変の帰趨《きすう》が定まってからのリライトだったはずである。

●日記の空白部分には何が書かれていたのか

この『言経卿記』は、しどろもどろさがきわめて顕著であり、六月二日に続いて「三日、巳卯、晴陰」「四日、庚寅」の後、おざなりの「洛中騒動不斜《ふしや》」等の記入のみで日記自体も洛中の騒々しさに巻き込まれてしまったものか、五日以後十二日までの記述が欠落している。

そして十三日の光秀敗北を告げる日記から再開されるのだが、よほど慌てていたのかこの十三日、十五日、十七日と『言経卿記』の特徴である干支《えと》と天候が抜けており、六月十八日から、「甲辰、天晴、晩雨」とやっと通常に戻っている。

おざなりの三日、四日は別として、五日から十二日までの八日間はまったく欠落しているから、言経の慌ただしさが手に取るようにわかる。恐らくこの削除された部分にこそ、何がしかの真実が書かれていたことであろう。

だが、「山崎の合戦」の勝利者である羽柴秀吉への配慮か、また仮に「本能寺襲撃事変」の実行犯が何者かわかっていても、秀吉軍が勝利を収めた現在、真実を記録として残しておくことで一身や一家に累厄《るいやく》の及ぶのを怖《おそ》れて、その部分を削除・切除して空白が続いたのであろう。

その点では、吉田兼見よりははるかに良心的であったといえよう。

日記を残した山科言経や勧修寺晴豊は、前日、信長と本能寺で長時間歓談をしており、この突然のクーデターはまさに寝耳に水のことだっただろう。一瞬、驚愕と危機感が波打ち、各々が一斉に情報収集《しゆうしゆう》に走り、主上（天皇）その他皇族の無事を確認し、各々の慌ただしい一日が混乱に終わる。したがって、日記どころか果たして本当に明智光秀が本能寺を襲撃したのかも定かではなかったはずである。

というのは、事変前日に信長と歓談した勧修寺晴豊は、『日々記』にこう書いているのだ。

「今度関東打はたし候物語共被申候、又西国手つかい四日出陣可申候、手たてさうさあるましき事中々聞事也」（三月に武田勝頼を討ち果たした自慢話をし、また西国の毛利との合戦の

ために四日に出陣するが、手立ては造作もない）

つまり自信たっぷりに信長が公言していたことが書かれており、同席の山科言経はもとより四十数人の公卿衆全員が聞かされていたことから、目下この畿内に残っている明智光秀の近畿管領軍が信長の後続軍として入洛するのは、周知のことだったのである。

だが突如、天から降って湧《わ》いたような「本能寺襲撃事変」が出てきて、かつ「日向守様御謀叛！」の噂が流れ（もしくは何者かによって流され）、またさまざまな流言蜚語《りゆうげんひご》や情報が錯綜《さくそう》して、まさに「京洛中騒動、不及非了」、つまり山科言経が記すがごとく「京中が大騒動になったのは致し方なかった」のである。

●信長はどこへ消えたのか

しかも、これにさらに拍車を掛けたのは、六月二日、三日と経っても一向に織田信長・信忠父子の首がどこにも晒《さら》されていなかったことだ。

通説どおり、明智光秀が率いる公称一万三千の兵が本能寺をびっしりと取り囲み、鉄炮を撃ち掛け攻め立てたのであれば、信長の首を討ち取れないはずはないのである。だが不

思議とこの件に関して公卿衆は一言も触れず、とにかく、堂々と、
「明智日向守依謀叛押寄了、即時ニ前右府打死」(『言経卿記』)
「信長いられ候所へ明知取懸、やき打ちニ申也由申候」(『日々記』)
「企惟任日向守謀叛……生害信長」(『兼見卿記』)
と、信長の即時討死を一斉に書き連ねているだけであって、信長の首が晒されたのかどうかは一切触れず、ただただ真実は闇の中だ。
本来「謀叛」とは、相手方の首を所定の場所に晒すことによって初めて達成されたことになるのだ。わずか『当代記《とうだいき》』のみが、こうお茶を濁している。
「焼け死に玉ふか、終《つい》に御死骸見へ給はず、惟任も不審に存じ、色々相尋ねけれども、その甲斐無し、御年四十九才」

●「正本」と「別本」で異なる記述

さていよいよ「本能寺の変」が勃発したので、『兼見卿記』の六月二日から十二日までの「正本」「別本」ともどもつぶさに検証していきたい。

・六月二日、戊子の条

「別本」

（誠仁親王が）上御所へ御成、新在家邊ヨリ紹巴荷輿《じょうはにないごし》ヲ参（②）セ、御乗輿云々、……未刻大津通下向、予、粟田口《あわたぐち》邊令乗馬罷（①）出、惟日對面、在所乃儀満端頼入之由申畢

「正本」

事終而惟日大津通下向也、山岡館放火云々（①）……（誠仁親王が）上御所へ御成（②）、中々不及御乗物躰也

記入の仕方で、①と②の順序が前後しているが、①は光秀が事変後安土に向かうべく、大津へ下る件《くだり》だ。「別本」では、光秀が未刻（午後二時頃安土に向かって）大津へ下ったが、私（兼見）は粟田口の辺りまで馬に乗って駆け付け、光秀に対面して吉田神社所領などのことについて、すべての件をお願い申した、としている。

しかるに「正本」では、事変後光秀が大津へ下り、「勢多城主・山岡景隆が瀬田（勢多）

大橋を炎上させ、自分の城館にも放火した」などと淡々と事件の流れを綴《つづ》るが、兼見が粟田口までわざわざ馬を飛ばして光秀と対面したことは省略している。これは秀吉が勝利した場合、いかなる目的で罷《まか》り参じたのかと厳しく詰問される可能性があるからだ。

一方「別本」に従えば光秀にとっても、自分に謀叛の冤罪が蒙《こうむ》りかかっている矢先にわざわざ馳せ参じてくれた兼見に、自分が置かれている苦境を理解してくれる安堵感を覚えたことでもあろうし、また兼見としてもたった今事変が発生したばかりで、取り敢えず光秀にも万端《ばんたん》の用意をしておき、己の身の安堵、所領の安堵も頼みたかったのでもあろう。これからは光秀とも数多く接触して情報を得たいという気持ちもあってのことだったのであろう。

②は、信忠の要請で誠仁親王一族が居住の下《しも》御所を明け渡し、上《かみ》御所へ御成りの件だが、「別本」では誠仁親王が上御所へ御成りの折、こんな早朝にもかかわらずなぜかタイミングよく里村《さとむら》紹巴が、近在の商家から荷輿を調達して駆け付け、お迎えに参じ、無事に上御所にお渡りなさる働きをする。一方、「正本」では、これもまた紹巴の件はすべて削除し、「上御所へ御成、中々不及御乗物躰也」（なかなか御乗物調達に難渋のご様子）の記述に留めている。

なぜこのようにタイミングよく里村紹巴が、戦闘の場所に危険も顧みず馳せ参じたのか。これは、吉田兼見との連携プレーであることは論を俟《ま》たないほど明白である。

●「朝廷黒幕説」が成立しない理由

紹巴はたった三日前、光秀の「愛宕山参籠」にも同席して、かの有名な『愛宕百韻』を巻き、後世、光秀謀叛に関する物議を醸《かも》した張本人だが、この非常時に、誠仁親王一族の動座をお救い申し上げたというのだ。

なにしろ帝《みかど》をはじめ親王・上皇等のいとやんごとなき御方たちは、自力の歩行もままならないのだ。今仮に御所が火災に遭い、すぐ傍まで火の手が迫っていても一人では逃げられず、御輿の到来を待たれてただおろおろとされる御方たちであるが、それを紹巴は手廻しよくいかにもこの事変を予見していたかのごとく現われ、恐らく弟子の昌叱《しょうしつ》、心前《しんぜん》、兼如《けんにょ》なども一緒だったのであろうが、商家から調達した荷輿に誠仁親王をお乗せして禁中まで供奉《ぐぶ》して行ったのだ。

この事変を前もって予見しての行動であったことは間違いない。

一方『信長公記』にも、急遽明智軍を迎え撃つべく妙覚寺から二条御所へ移動して立て籠《こも》った織田信忠が、〈「まもなくここも戦場となるでしょうから、親王様（誠仁）・若宮様（知仁《ともひと》）はここを出られて、禁中へお入りになるのがよろしいでしょう」と申しあげられた。信忠卿はやむなく両宮においとまごいをされて、親王がたを内裏へお入れ申し上げた〉（榊山潤訳）と書かれている。

さらにこの際の親王方たちの動座に伴い、村井春長軒（貞勝）辺りが、一時《いっとき》、戦闘開始の延期を申し出て光秀側もこれを承諾したと書く書籍も多々ある。

しかも親王御一行の出座の際には、女人に至《いた》るまで一人一人の顔を検《あらた》めたともあるから傑作だ。つまり女人に扮した信長父子の逃亡を阻止するためだったというのである。

ところで、『兼見卿記』の上記の記述から、「本能寺の変」における「朝廷黒幕説」は成立しないことになる。

信長が朝廷をないがしろにする、横暴極まりないがゆえの光秀の謀叛だったら、里村紹巴が粗末な商家の荷輿を慌てて仕立てて、畏《おそ》れ多くも誠仁親王の動座を願うような惨《みじ》めな仕儀にはならなかったはずで、むしろ光秀側が鄭重《ていちょう》に用意したそれ相応の格式をもって、動座を供奉して行ったことであろう。

そもそも、この「朝廷黒幕説」に関係なく、通説どおり明智光秀の謀叛であったとしたら、いかに非常事態とはいえ光秀は有職故実《ゆうそくこじつ》に通暁した良識を持つ武将だから、たとえ一時とはいえ自分の乗馬を差し出して、それにお召しいただくような挙に当然出たことであろう。

この辺りからも「本能寺・二条御所襲撃軍」は明智光秀とは関わりのない、擬装集団の襲撃としか考えられないのである。

●親王は実行犯を目撃していた

誠仁親王自身も上御所への動座の際、事を起こしたのが「通説」が説く明智光秀軍か、はたまた私の説く謎の擬装軍団か、身をもって遭遇していたわけである。

その後の誠仁親王は、襲撃軍団の真相を知っていたことと、明智光秀との関わり方を衝《つ》かれて、「山崎の合戦」に勝利した羽柴秀吉から何かにつけて恫喝《どうかつ》され続け、やがてこの事変の四年後の天正十四年（一五八六）に謎の死を遂げることになる。『多聞院《たもんいん》日記』など数々の史料から、誠仁親王を死に至らしめたのが羽柴秀吉であったことは自明であるが、目下はこの『兼見卿記』の読み解きであるので先を急ぎたい。

先ほどの、里村紹巴の働きぶりを考えてみよう。

この襲撃軍団が野武士的汚れ役専門の精鋭軍団であればこそ、一公卿としての吉田兼見は、誠仁親王に最低限の動座を請い願うため、この里村紹巴の派遣を意図したのである。

・六月三日、巳丑、雨降の条

「別本」日向守至江州相働云々、

「正本」日向守至江州相働云々、(光秀が近江を攻めはじめる)

・六月四日、庚寅の条

「別本」江州悉屬日向守云々、

「正本」江州悉屬日向守、令一反云々、(光秀が近江を平定する)

・六月五日、辛卯の条

「別本」日向守安土へ入城云々、日野《ひの》蒲生在城、無異儀相渡城之由説也、
「正本」日向守入城安土云々、日野蒲生在城、不及異儀相渡云々
光秀が安土に入城した由、また日野に籠城した蒲生賢秀《かたひで》・氏郷《うじさと》父子は、何らの異議なく城を明け渡したとの由、等を淡々と記しているが、いよいよ兼見の出番である。

・六月六日、壬辰の条
「別本」

令同道祇候親王御方、御對面、直仰云、日向守へ為御使罷下、京都之儀無別儀之様堅可申付之旨仰也、

「正本」

親王御方御對面、直仰曰、日向守へ為御使可被下之旨仰也、
光秀への勅使《ちよくし》を誠仁親王から命じられた兼見は、親王に拝謁《はいえつ》し、「京都の政治と治安維持を堅く申し付ける（委ねる）旨」を仰せ付かるが、「正本」ではそれが欠落している。

これは光秀に対する「征夷大将軍」の内示に近いものといって差し支えないであろう。

一般的には本能寺・二条御所が襲撃された際、周囲の民家に飛び火してだいぶ類焼し、焼け出された避難民が御所の内に数々の雑物を搬入し、一部では小屋掛けもしたらしく、勧修寺晴豊の日記にも、「者共のけ（除《の》け）禁中小屋懸け称々正躰無き事也」とあり、『兼見卿記』の「京都之儀無別儀之様」は、これらの撤去や治安維持を指すという説がもっぱらだが、決してそうではない。

いやしくも勅使下向《げこう》ともなれば、それは単なる京都の治安回復などといった現行行政能力の向上に類するものなどではなく、政治形態全般に関わる改革への位贈（征夷大将軍の内示）のようなもの以外にないと思われるからだ。

●「謀叛之存分雑談」の真の意味

・六月七日、癸巳の条

「別本」

向州（光秀）對面、御使之旨、巻物等相渡之、忝之旨請取之、予持参大房鞦一懸遣之、今度謀叛之存分雑談也、蒲生未罷出云々、

「正本」

日向守面會、御使之旨申渡、一巻同前渡之、予持参大房鞦遣之、……日野蒲生一人、未出頭云（々）、

この日記は早朝出立した兼見が、いよいよ安土城で光秀と会見する件《くだり》である。

午後二時頃、安土城に到着。誠仁親王の勅旨を伝え進物を渡すと、かたじけなしと光秀は拝受し、ついで兼見持参の「大房の鞦一懸」も進呈して、光秀と今度の「謀叛」について存分に雑談を交わしたが、蒲生父子は未だ光秀に降らなかった。

この「鞦《しりがい》」とは、乗馬の頭、胸、尾に懸ける緒飾、すなわち征戦に赴く大将馬の総飾りだが、さてここで一番問題になるのが「今度謀叛之存分雑談也」であり、当然「正本」では欠落している。

この謀叛について、「今度の光秀殿のご謀叛の経緯はいかなるご心境から進められたのか、色々お心の裡の動機を伺い、存分に雑談申し上げた」と、普通は光秀が起こした謀叛であることをますます確実なものにする件であり、大方の史家・作家諸氏も「これにて光秀の謀叛であることは、一件落着」と太鼓判を捺《お》すわけである。

だがすでに私が主張しているように、里村紹巴は商家の粗末な荷輿《にないごし》を持って馳せ参じ、誠仁親王を上御所まで供奉《ぐぶ》申し上げたが、誠仁親王はその襲撃軍の実体が何者であるかを知っており（もしくは供奉申し上げた紹巴から聞かされたものか）、その襲撃軍が明智光秀だったら、自分をかくも惨めな動座には致すまいことをよく知っていたのである。

もとより吉田兼見自身も、この襲撃軍の正体は百も承知であったからこそ、紹巴を親王の許に派遣したのである。

以上を勘案すると、この謀叛は、羽柴秀吉の謀叛をおいては考えられないのである。だとするならば、明智光秀にとっての「今度の謀叛の存念」とは、当然、一番身内に近い兼見に「今度の本能寺襲撃は自分ではないこと」を強調し、本能寺に急遽馳せ参じたらすでに辺りは灰燼《かいじん》に帰していたこと、どうやら羽柴秀吉の謀叛ではないのかということ、自分はあくまでも冤罪であること、などを切々と訴えたことであろう。

また兼見も、かかる上はこの降って湧いたような事変を逆手に取って、「光秀の天下」を確実にするためにまず相当量の銀子を「朝廷」に献上して、これからのよしみを通ずるべきであることなどを進言したと思われる（これも実は秀吉方の策略で、貴重な光秀の軍資金を放出させる目論見があった）。

一方光秀にとっても、「征夷大将軍」の内示は大いなる自信が与えられたことになるのであろう。もっとも兼見にとっては、光秀と秀吉、どちらが勝利してもよかったのだが。光秀との姻族関係はもとより、永年の親しい間柄である。また秀吉方への加担は、時流に乗じてのことでもあり、「別本」「正本」の準備もおさおさ怠りなかったからだ。

繰り返すが、「正本」には「今度の謀叛」が欠落している。つまり、秀吉の目に触れるとまずいと判断したわけである。

この六月七日、兼見が勅使として安土城に下向したことは「正本」でも既成事実だから、紛れもなく光秀の謀叛であったとしたら、わざわざ「正本」から欠落させなくてもよかったはずである。秀吉にしても、光秀謀叛の本当の動機を知りたいはずだからである。

つまりここからも、秀吉こそが謀叛の中心人物であることが浮かび上がってくる。

●光秀は「征夷大将軍」の内示を受けていた

・六月八日、甲午の条

「別本」

日向守上洛、……明日至摂州手遣云々、令祇候委細申入畢、御方御所（誠仁親王）様御對面、直申入畢、

「正本」

今日日向守上洛、……明日至摂州手遣云々、……令体（休）息、参禁中、御返事申入了、（光秀は摂州攻略のため軍を率いて上洛し、兼見も帰洛して早速、誠仁親王に光秀の勅答を奏上申し上げる）

・六月九日、乙未の条

「別本」

早々日向守折紙到来云、唯今此方へ可来之由、以自筆申来了（①）……［註一］未刻上洛、至白川予罷出、公卿衆・摂家・清花《せいが》（華）、悉為迎御出、予此由向州ニ云、此砌太無用之由、早々先へ罷出返申之由云々、即各々、……次向州予宅ニ来、先度禁裏御使早々忝存、重而可致祇候、只今銀子五百枚兩所へ進上之、予相心得可申入之由云、五百枚進上之、以折紙請取之訖、此次五山へ百枚ツヽ遣之、予ニ五十枚、此内二枚被借用、大徳寺へ百枚遣之（②）……於小座敷暫逗留、方々注進、手遣之事被申付也（③）、次進夕食、紹

巴・昌叱・心前・予相伴、食後至下鳥羽出陣、路次へ送出申礼畢（④）……［中略一］銀子御礼、奉書ヲ向州へ見之、忝之旨相心得可申入也……

「正本」

早々自江州折帋到来云、唯今此方へ可来之由申了……［註二］即予為迎罷出白川、數刻相待、未刻上洛、直同道、公卿衆・摂家・清華、上下京不残為迎至白川・神樂岡邊罷出也、……次至私宅、向州云、一昨日自禁裏御使忝、為御礼上洛也、随而銀子五百枚進上之由、以折帋予ニ相渡之、即可持参由申訖、次五山へ百枚宛各遣之、大徳寺へ百枚、予五十枚（⑤）、為當社之修理賜之、五山之内依不足、賜予五十枚之内二枚借用也、次於小座敷羞小漬、相伴紹巴・昌叱・心前也、食以後至下鳥羽出陣……

「正本」では光秀と兼見の親密さが窺える①の「以自筆申来了」とその書状が光秀の自筆であった旨が省略されている。［註一］と記入した「未刻上洛」から「即各々」までの項では、「私（兼見）も午後二時頃、白川まで出迎え、公卿衆・五摂家・清華家以下悉《ことごと》く迎えに見えている旨を光秀に伝えたが、忝《かたじけな》いがご辞退したく、どうぞお先にお帰りいただきたいとの由で、各々に伝えた」と記載している（「正本」の［註二］もほぼ同様）。

だがこれは先の五月二十九日、時の「準・天下人」織田信長の上洛に際して、公卿衆が総動員して雨中にもかかわらず粟田口まで出迎えたのと同じ扱いである。明智光秀も五摂家・清華家を筆頭にことごとくの公卿衆が、白川辺りまで総出で出迎えるということは、織田信長を謀殺して天下を半ば掌中に収めかけた単なる武将にではなく、いやしくも「征夷大将軍」を内示された明智光秀への出迎え行事でなくして、一体いかなる説明ができるのだろうか。

まさに、凱旋将軍を迎える国家的行事さながらである。

②（「正本」では⑤）の項では、その後光秀は兼見邸を訪れ、

「一昨日安土城への勅使下向について忝い旨と、そのお礼に参上し只今両御所（正親町《おおぎまち》天皇と誠仁親王）へ銀子五百枚献上したとの由で、私は承知してこの旨を禁裏に奏上する旨を光秀に伝え、五百枚進上の折紙（目録）を受け取った。そして京都五山へ百枚ずつ、また私にも五十枚寄進され申し、さらに大徳寺へも百枚寄進」

と記しているのだが、「正本」ではこの五十枚の寄進が兼見自身ではなく、⑤の直後に「為當社之御修理賜之」と、吉田神社修理のためと主旨を転化して記入し、光秀との親交

の深さを打ち消しているのである。

③と④の項では、光秀が兼見邸の小座敷に暫く逗留《とうりゅう》して夕食（出陣祝いの小宴）が振舞われたのだが、主人公の兼見はもとより何とあの里村紹巴までもが弟子の昌叱・心前も打ち連れて光秀と夕食を相伴する次第。

その席上、合間を縫って光秀が③の「方々注進、手遣之事被申付也」（光秀が各地へ緊急の手配を命じていた）のだが、「正本」では当然ここも欠落している。

また食後、光秀が下鳥羽《しもとば》（京都市伏見区）へ出陣したので、④の「路次へ送出申礼畢」（参席者一同が途中まで見送ってお礼申し上げた）も当然欠落している。

もとよりこの里村紹巴一行の相伴は、いかにも光秀と「愛宕山参籠」であの有名な連歌を巻いた親交のある連中とは言いながら、四日後に控えた「山崎の合戦」の最終的な打ち合わせ、たとえば二日早暁の誠仁親王御一行御動座に見せた、あの出色の働きのように、と思われてもしかたないのである。

「別本」の［中略一］の項では、その晩兼見は光秀から献上された銀子五百枚を禁裏に持参して、長橋御局《ながはしのおつぼね》に披露し、誠仁親王にも拝謁して委細を奏上したうえで親王から「奉書」が発給されるのだが、「正本」では銀子五百枚を禁裏に持参して長橋御局へ披露および誠仁親王に拝謁のうえ委細奏上のみで、「親王発給の奉書」には一言も触れてはいない。ましてその「奉書」を兼見がすぐさま、下鳥羽の光秀陣所まで届けるのだが、いわんや「奉書ヲ向州へ見之、忝之旨相心得可申入也」（光秀がその奉書を押しいただき、かたじけなく拝領いたした）と感激する件も当然「正本」には欠落している。

つまりこれは朝廷と光秀の絆を深く表わしたものであり、しかも秀吉側から見ればこの「礼状奉書」は、誠仁親王の光秀支援について有力な証拠となるものであるから、「正本」には到底載せられるべきものではないのである。

なお、前記の「奉書」は通常、「女房奉書」といわれ、『広辞苑』では、「勾当内侍《こうとうのないし》など天皇側近の女官が、勅命を受けて女消息体（散らし書）で書いて出した文書。鎌倉時代に始まり、室町時代以後多く用いられた」とあるが、この場合の「奉書」こそが、取りも直さず「征夷大将軍」宣下の内示であったと思われるのである。

京都市臨済宗妙心寺《みようしんじ》塔頭大龍院《だいりゆういん》内の明智光秀の位牌に、「惟任将軍明叟玄智大禅定門神儀」とあり、大津市坂本・西教寺の過去帳には「初代坂本城主　征夷大将軍明智日向守十兵衛光秀公　天正十年六月十四日寂　享年五五　秀岳宗光禅定門」ともある。これらが

「征夷大将軍」内示の蓋然性《がいぜんせい》を如実に物語っているのだ。

また足利家ゆかりの京都五山への献金は、新将軍誕生の古式にのっとったしきたりでもあるのだ（伏見宮家『看聞御記《かんもんぎょき》』）。

●山崎の合戦直前に行なわれた、落人対策

・六月十日、丙申の条

「別本」日向守至摂州相働云々、

「正本」日向守至河州《かしゅう》表相働云々、（光秀は、摂津［河内《かわち》］に出兵した）

・六月十一日、丁酉の条

「別本」日向守至本陣下鳥羽帰陣、淀之城普請云々

「正本」向州至本陣下鳥羽皈陣、淀之城普請云々（光秀は撤兵して下鳥羽へ帰陣し、淀城を修築した）

・六月十二日、戊戌の条

「別本」

在所之構普請、白川・浄土寺《じょうどじ》・聖護院《しょうごいん》三卿之人夫足合力也、日向守敵欤自山崎令出勢、於勝竜寺《しょうりゅうじ》城西足軽出合、在鉄放軍、此邊放火

「正本」

在所之構、南之堀普請、白川・浄土寺・聖護院三卿之人足合力也、自摂州山崎表へ出足輕、勝竜寺之西ノ在所放火、此儀ニ近可衆驚、止普請皈在所、

いよいよ「別本」最終項だが、兼見は（明智軍の落人《おちうど》対策か）白川一乗寺《いちじょうじ》（左京区）・浄土寺・聖護院の人足の助勢を得て、兼見邸の門戸に近寄れぬよう普請を始める。「別本」では、勝竜寺城付近で足軽兵の発炮による小競り合いがあり、また「正本」では、羽柴秀吉軍が山崎に足軽を出兵して勝竜寺城西方の民家に放火した。

つまりこの時点で、すでに明智軍の劣勢は火を見るより明らかであり、明智軍の敗北は決定的であったのだ。かくしてこの九日には、上洛した光秀を自邸でもてなしたほどの兼見ではあったが、手の平を返したごとく、対・光秀軍の落人対策として近寺・近郷の人足

を動員して自邸の防護柵を築いたのだ。

さいわい敗走した光秀は勝竜寺城に一旦逃げ延びたのだが、もし仮に兼見邸を頼って落ちてきたら、一体いかなる対応をしたことであろうか。それが翌十三日の顚末《てんまつ》に表わされたのである。

●秀吉に見せられる日記だけが残った

・六月十三日、巳亥、雨降の条（ここから「正本」のみ）

申刻至山崎表鐵放之音數刻不止、及一戦歟、果而自五條口落武者數輩敗北之体也、白川一条寺邊へ落行躰也、自路次一揆出合、或者討捕、或者剝取云々、自京都知来、於山崎表及合戦、日向守令敗戦、取入勝竜寺云々、討死等數輩不知數云々、天罰眼前之由流布了、落人至此表不来一人、堅指門數戸、於門内用心訖、今度南方之諸勢、織田三七郎《さんしちろう》（信孝）・羽柴筑前守・池田紀伊守《きいのかみ》（恒興）・丹羽五郎《ごろう》長秀左衛門・蜂屋《はちや》・堀久太郎《ほりきゅうたろう》（秀政《ひでまさ》）・矢部善七《やべぜんしち》（家定《いえさだ》）・瀬兵衛（中川清秀）尉・多羅尾《たらお》、二万余取巻勝竜寺云々、然聞、南方衆此表へ不来一人也

ここからは秀吉に堂々と見せられる内容の日記だ。すなわちこの日は雨降だったが、申《さる》の刻（午後四時頃）から山崎方面で銃声が数時間続き戦闘が開始され、五条口へ落武者が数人敗走する有様であった。

みんな白川一乗寺辺りへ落ちて行くようで、途中から一揆勢（落武者狩り）の集団が出現して、ある者は討ち取られ、ある者は身ぐるみ剝《は》がされた。京都よりの知らせでは山崎の表で合戦が行なわれて明智軍は敗れ、光秀は勝竜寺城に敗走して籠ったとの由。また討ち死にした軍勢は数知れず――と光秀軍の敗戦を綴《つづ》っており、さらに、光秀の謀叛《てんぱつ》が天罰覿面《てきめん》に明らかとなって眼前に晒《さら》されて知れ渡った、と光秀を厳しく糾弾している。

一方、落人が自邸にはまだ一人も来てはいないが、堅く門戸を閉ざして、門内《もんない》で用心深く備えており、また今度光秀軍を南方より攻撃した軍勢は、織田信孝・羽柴秀吉・池田恒興・丹羽長秀・蜂屋頼隆《よりたか》・堀秀政・矢部家定・中川清秀・多羅尾等の二万余兵で、勝竜寺城を取り囲んだと記している。

兼見が事変勃発早々の六月二日、大津へ下向する光秀を馬で追いかけて対面し、自領の安堵のためといえども、もっぱら光秀との接触に専念していたことは紛れもない事実である。

六日には勅使として安土城で光秀と面会し、九日には両御所への銀子五百枚の献上も含め、里村紹巴ともども光秀を自邸に招き、戦勝祈念の壮行会を催して光秀の下鳥羽出陣を一同で見送った仲だ。

その一方で、六月二日から十二日までの光秀に関する情報を確実に秀吉方に伝達していたわけで、秀吉の戦略上、多大な貢献をしていたことは間違いないだろう。六月十二日にもなると、明智軍落人対策のために自邸の大々的な修築工事を行なう身の変わりようだ。兼見の秀吉に果たした働きぶりには、一段と瞠目《どうもく》に値するものがあったわけである。

●光秀が最期を遂げるのはどこか

・六月十四日、庚子の条

昨夜向州退散勝竜寺云々、未聞落所

（昨夜明智光秀が夜陰に乗じて勝竜寺城を脱出したが、落ち延びた先は不明）

・六月十五日、壬申の条

安土放火云々、自山下類火云々、（中略）向州於醍醐《だいご》之邊討取一揆、其頸於村井清三、三七殿へ令持参云々

（安土城が放火され、城下にも類焼。明智光秀が醍醐付近で討ち取られ、その首を村井清三が織田信孝殿へ届けられた）

「通説」では十四日の未明、坂本城を指して落ち行く光秀が小栗栖《おぐるす》の竹藪《たけやぶ》で、農民の竹槍に刺されて憐《あわ》れな一期《いちご》を遂げるのであるが、この『兼見卿記』、また『言経卿記』を見る限りでは十五日、醍醐付近で討ち取られたとある。

つまり小栗栖説は、事変後百二十年にして、突然大坂で出版された『明智軍記』にのみ記載されている説であるが、なぜかいつの間にか通説化されてしまったようだ。

・六月十六日、癸酉の条

向州頸・筒（胴）体、於本應（能）寺曝之云々

(光秀の首が胴体と繋ぎ合わせられて、本能寺に晒《さら》された)

・六月十七日、甲戌の条
禁中壊地下人小屋、各皈宅云々、政道一段嚴、洛中洛外安堵了
(御所内に避難していた地下人の小屋掛けも撤去され、御政道も一段落し、洛内外にもやっと安堵の感が戻った)

・六月十八日、乙亥の条
生捕齋藤内蔵助上洛、令乗車渡洛中、於六条川原《ろくじようがわら》刎首、日向守同前曝云々
(斎藤利三が生け捕られ、洛中引き廻しの上、六条河原で断首され、日向守同様、本能寺で首が晒された)

と戦いの処理が進むのだが、まだまだ不可思議な点はある。
六月十四日、前日の「山崎の合戦」が秀吉軍の圧勝で終わった翌日に、突然「津田越前《つだえちぜん》入道《にゆうどう》」なる者が、織田信孝様の御使いと称して兼見邸を訪れ、

「日向守（光秀）が御所や京都五山へ献金した銀子に曲事《くせごと》（違法）あり！」

と詰問したのだ。

慌てた兼見は、誠仁親王に愁訴《しゅうそ》した。親王も柳原淳光《やなぎはらあつみつ》を織田信孝の陣所に遣わし、一方兼見も施薬院全宗《せやくいんぜんそう》を訪問して、秀吉に取り成しを懇願する始末になった。

ところが当の信孝は、自分は一向に存じあげぬことと親王に奉答《ほうとう》し、今後またこのような難題をいう者あれば逮捕して注進《ちゅうしん》に及ぶべし、との折紙を兼見は信孝から貰《もら》うということになった。山崎の合戦後、早々に顕われた秀吉と信孝の主導権争いの鞘当ての、最初の飛び火としては非常に出来過ぎた話でもある。

秀吉にとっては、この光秀献金問題は兼見からの情報によって周知のことであったが、いかんせん、十三日の昼過ぎにやっと遅参《ちさん》の上参戦した信孝にとっては、この経緯は知る由もない。または公卿社会における内部抗争の一端だったのであろうか。

ともかく、非常に謎めいた経緯である。

●秀吉の陰謀を知っていた京都の三人

さて事変から一カ月後の七月一日。

兼見は尾張に滞在中の羽柴筑前守秀吉の許へ進物を持たせて、内衆の鈴鹿久左衛門《すずかきゅうざえもん》を遣わすのをはじめとして、七月十日には秀吉陣所の本圀寺《ほんこくじ》へも兼見自らが進物を持して訪問面謁《めんえつ》している。

またその後の九月十八日、二十一日、さらに十月十九日と秀吉に度々音問《いんもん》を重ねており、しかも七月六日には前述の里村紹巴邸で細川藤孝と吉田兼見の三者が会合し、「今度の仕合粗相談了」（今度の仕合せ、あらあら相談しおわんぬ）と語り合った事実もあり、とにかく光秀敗死後の秀吉との緊密ぶりは、兼見が秀吉によほどの利益をもたらしたのであろうことは推測に難くないのである。

たとえば細川藤孝父子・筒井順慶との光秀方誘降不成立（もちろんこれは秀吉の戦略の一部）や、また大山崎方面への光秀布陣の概要、そして意外と整わない光秀の軍容などは、秀吉方への必勝の最大情報であり、あの六月九日の兼見邸での光秀激励会一つを取ってみても、光秀軍の最終布陣・攻撃に関するあらましの戦略が筒抜けになっていたとしても、なんら不思議ではないのだ。

しかもその後の十二日に、光秀軍の落人対策の一環として自邸を頑丈に修築したり、かつ十三日の合戦が始まるや明智軍の敗北と、これにて明智光秀の謀叛が天罰覿面と明らかに眼前に知れ渡った、などと堂々と公言して憚《はばか》らないさまにも見事に表われている。

そこでさらなることを言えば、吉田兼見・細川藤孝・里村紹巴の三人は、羽柴秀吉の陰謀による「本能寺の変」が、起こるべくして起きること、そしてまた「山崎の合戦」のようなものも必ず起こり得ることを最大のターゲットとして、チームワークよろしく暗躍していたわけである。

さらに詳細に、それを検証していきたい。

●事変直後の光秀の無策ぶりこそ、冤罪である証拠

『兼見卿記』をつぶさに読んで来てわかるとおり、驚天動地の信長謀殺を企てた武将としての光秀の十二日間は、誠にもって、何ともお粗末な行動を重ねて来たといえる。

通説のいうごとく、本当に明智光秀の謀叛だったら、もっと対外的にも積極的な政策を取る必要があったはずである。

すなわち、まず娘婿《むすめむこ》の織田（津田）信澄と真っ先にコンタクトを取り、最大限に働かすべきである。また長宗我部《ちょうそかべ》元親《もとちか》へ光秀の重臣である斎藤利三を派遣して逸早く接触し、かつ元親がすでに提携している毛利家とも与同して、羽柴軍を挟み撃ちにすべきだ。

さらに毛利家庇護の下《もと》、鞆ノ浦《とものうら》に逼塞《ひっそく》していた足利義昭を担ぎ出して入洛させれば、光秀謀叛の局面も大きく変わっていったことであろう。

ところが実際の光秀は『兼見卿記』の記述のごとく、

二日　山岡景隆が焼き落とした瀬田大橋の修復を命じ、三千の兵で坂本城に戻る
三日から四日にかけて（また十日も含めて）　近江・摂津等を攻めて、猫の額《ひたい》ほどの勢力を確保
五日　やっと安土城に入城
七日　安土城で勅使・吉田兼見と対面
八日　やがて光秀が上洛

九日　細川藤孝父子に光秀方参陣を要請するも拒絶される
十日　一旦、参陣を約した筒井順慶を待ち、洞ヶ峠《ほらがとうげ》まで出張
十一日まで　順慶の到着を待つも合流を果たせず、下鳥羽に帰陣して淀城を修築。そし
　て予想外の迅速さで東上する秀吉軍の報を聞いて周章狼狽《しゅうしょうろうばい》
十三日　午後四時頃開戦するも敗戦、光秀は勝竜寺城へ逃げ込む

というように、いかにも情けないていたらくで自滅してしまったのである。

その一方、「本能寺の変」は明智光秀と織田信澄二人の謀叛ではなかろうか、と逸早く情報が発信されていたのである。

たとえば徳川家・家臣の松平主殿頭家忠《まつだいらとのものすけいえただ》の『家忠日記』では、

六月三日、己丑、京都にて上様ニ明知（智）日向守、小（織）田七兵衛《しちべえ》別心にて御生かい候由、大野より申来候
（京都で信長様が明智光秀、織田信澄の謀叛で殺害された）
六月八日、甲午、小田七兵衛、去五日ニ大坂にて、三七殿御成敗之由候

（織田信澄が五日に大坂で、織田信孝・丹羽長秀に成敗された）

と記されている。

一方、毛利方も「本能寺の変」の情報を、六月四日の高松城主・清水宗治の切腹と講和の起請文を取り交わした後の、遠からぬ時間で入手するのだが、その『萩藩閥閲録』や『毛利氏四代実録考証論断』などによれば、

「一日に京都で信長・信忠父子が討たれ、二日に大坂で信孝が討たれた。謀叛した者たちは津田信澄・明智光秀・柴田勝家だということだ」

とあるから、誠にもって当を得た、しかも筋の通った偽情報である。これでは、秀吉軍を深追いして京まで攻め込んでも、しょせん、京には毛利の旗は立てられないわけである。すなわち父謀殺の積年の恨みを抱く津田信澄が決起し、岳父の明智光秀と養父の柴田勝家が、がっちりとその脇を固めており、まず明智・柴田軍が本能寺・妙覚寺を急襲して信長・信忠父子を弑逆し、大坂で津田信澄が手近な陣営内の織田信孝・丹羽長秀を襲ってこれまた弑逆して京に集結する。かくして信長・信忠父子による強硬政権の呪縛を解き放つ！

これはまさに謀叛ではなく、信澄による織田家の大改革・大刷新そのものである、という筋書きができてしまう。

この津田信澄は信長の甥、すなわち信長が自らの手で暗殺した実弟・勘十郎信勝《かんじゅうろうのぶかつ》（信行）の忘れ形見である。その後、信長の命により柴田勝家の下で養育されたといわれている。やがて天正六、七年（一五七八、一五七九）頃、信長の命で明智光秀の娘を娶るのだが、細川忠興へ光秀の娘・玉（ガラシャ）が嫁いだのも、同じく信長の命によるものである。

かくして光秀は津田信澄、細川忠興という「本能寺の変」に深く関わり合う問題の二人の娘婿を持つことになるのだ。

「四国征伐を喰い止めるために長宗我部元親の義兄である斎藤利三が、主君の日向守を唆《そそのか》して謀叛に及んだらしい」という噂が大坂城内にも流れて来て、事変後、四国征伐を中止していた織田信孝と丹羽長秀は、同じ副大将の津田信澄を、「光秀の娘婿であり、上様に叛いた信勝の忘れ形見ゆえ、危険だから早いところ始末してしまおう」とはかって、同じ城内にいた信澄を双方で攻めて弑逆し、憐れ信澄の首は堺に晒されてしまったのである。

つまり毛利方に伝わった、「信孝も討たれた」という情報とは裏腹に、当の津田信澄の方が逆にいとも呆気《あっけ》なく弑逆されてしまったのである。光秀の身辺を克明に探る『兼見卿記』では、津田信澄に関するニュースは一行も触れられていない。

「光秀には、ビジョンがなかった」と言う歴史家も多いのだが、むしろそれは、突然降って湧いたような事変に対応できなかった明智光秀の、周章狼狽が手に取るようにわかる日記でもあり、このビジョンのなさこそが逆に光秀の冤罪性を立証するものになるのではないだろうか。

つまり『兼見卿記』とは、「光秀冤罪説」を暗示させる日記でもあったのである。

第五章

塗り替えられた歴史

●光秀の句をどう解釈するか

たった一つの歴史認識における固定観念の変換だけで、「本能寺の変」の認識ががらりと変わって来るものである。

この章では、ここまで論じることができなかったが、しかし「本能寺の変」の真実を論じるうえで不可欠な素材の数々を取り上げたい。

たとえば、一般的な光秀謀叛劇のハイライトの一つに、五月二十八日～二十九日（通説では五月二十七日～二十八日）の、光秀の愛宕山参籠がある。

この時、光秀は謀叛の意を固めたとされる。すなわち、勝軍地蔵へ勝利祈願を行ない、御神籤を三回引き、さらに連歌会を催し「ときは今天が下しる五月哉」と発句《ほっく》して天下取りへの意志を表わした。

つまり「とき（＝土岐家の末裔たる私）が今、天下を下領《したし》る五月である」と無理矢理に解釈し、これをもって光秀自身が吐露する謀叛へのマニフェストであると決め付けているのが現状だ。

これは明智光秀が、土岐源氏の流れを汲《く》む明智家の正統であると決め付けての発想である。

また元禄年間の成立とされる『明智軍記』にも、

〈トキハ今アメガ下シルト言エルハ、光秀元来土岐ノ苗裔《びようえい》明智ナレバ、名字ヲ季節ニ準《なぞら》ヘテ、今度本望ヲ達セバ、自《みずから》天下ヲ知ル心祝ヲ含メリ。挙句《あげく》ノ体モ爾《しか》ノ如シ〉

と、はっきり「時」を「土岐」に擬《なぞら》えているから、江戸時代の読者も大いに合点・納得したのであろう。

だが高柳光壽氏はその主著『明智光秀』で、

〈光秀が生まれた当時は文献に出て来るほどの家ではなく、光秀が立身したことによって明智氏の名が広く世に知られるにいたったのであり（明智荘のことは知られていたが）、そのことは同時に光秀は秀吉ほど微賤《びせん》ではなかったとしても、とにかく低い身分から身を起こしたということでもあったのである〉

と論じている。

また高柳氏と並び称される明智光秀研究の権威者である桑田忠親氏も、

〈最近、信長が朝廷によって『征夷大将軍』に任ぜられることを知った光秀が、土岐源氏の正嫡流である自分をさしおいて、平氏姓の織田信長が将軍になることを怒り、信長を本能寺に急襲したと言う奇説を主張する新進の歴史家が現れた。しかしこの場合、将軍になど魅力を感じない信長は、朝廷の任命にも応じなかっただろうし、土岐源氏の嫡流の明智氏の直系でもなんでもない光秀が、そんな事で激怒する必要も、信長を恨むいわれも、まったくないのである。実証史学の手続きを怠ったための誤説にすぎない〉

と痛切に論究している（※傍点引用者）。

ところが、美濃は土岐の守護代が永く続いていたので、美濃出身の明智光秀も正嫡流である名門の明智家出自であると勘違いされてしまい、「愛宕山参籠」の連歌会で「ときは今」と発句したことで、光秀謀叛の揣摩臆測に苦しんでいた世人が「ときは＝土岐だ！信長を屠《ほふ》り、美濃の土岐系を復権させる魂胆だ！」と色めき立ったのである。

しかし、斎藤道三の正室である「小見《おみ》の方」の父と目される可児《かに》郡・明智城主明智駿河《するがの》守光継《かみみつつぐ》は、斎藤道三側について明智城を陥《お》とされ、さらに弘治二年（一五五六）に明智一族を焼き殺したのは土岐頼芸《よりのり》（元美濃国主）の旧家人であるし、光秀の妻の実家である可児郡・妻木《つまき》城もやはり土岐氏に滅ぼされている。

だから後年、土岐頼芸が眼病を患い放浪を続けていても、光秀はなに一つ援助らしきこともしておらず、むしろ美濃三人衆の稲葉一鉄《いなばいってつ》が見かねて手をさしのべているような始末であったのだ。

つまり光秀は、土岐氏とはなんらの関わり合いもなく、むしろ逆に反土岐派で不倶戴天《ふぐたいてん》の仇敵であったとも言われていたのである。

しかも前述の高柳・桑田両氏の言を容《い》れるならば、明智光秀は土岐源氏の正嫡流では毛頭なかったことになる。

土岐桔梗紋

（水色）桔梗紋

また、土岐氏を表わす「桔梗紋《ききょうもん》」も、名族土岐氏系の「土岐桔梗紋」と、明智氏傍流である光秀のいわゆる「（水色）桔梗紋」とでは、その「桔梗」のデザインがまったく異なる（上の挿図参照）。

この事象一つ見ても、光秀と「土岐家」はまったく関係ない。

したがって、光秀がまさか土岐氏を背負って天下人として立つ、という気負った発句など詠《よ》むはずがないのである。

ちなみにこの光秀の「桔梗紋」は、細川家『永青文庫蔵』の「桔梗が染め抜かれた明智光秀所用の小紋地《こもんじ》裃《かみしも》」としても実証されるし、なによりも光秀の菩提寺・西教寺所蔵、光秀の「鎧櫃《よろいびつ》」、「手あぶり火鉢」、「佩刀《はいとう》」などでもこの「桔梗紋」がはっきりと実証できる。けっして土岐氏の「土岐桔梗紋」ではないのだ。

ところが、あろうことか、『信長公記』（榊山潤訳）では、

ときは今あめが下知る五月哉　光秀（時は今である。雨が世に降る五月であることよ。土岐の一族である自分が天下を支配すべき五月になったのだ）

水上《みなかみ》まさる庭のまつ山　西坊（五月雨が降りつづき、川上の水音がいちだんと高く響く庭には、松山が見えることだ）

花落つる流れの末をせきとめて　紹巴（花が落ちつもったことだ。遣り水の流れの先をせきとめて御謀叛をおとどめしたい）

このように「百韻」を詠んで神前に納め、五月二十八日、丹波の亀山へ帰城した、となってしまうのだ。

私もかつては水原秋櫻子《みずはらしゆうおうし》門下の一人でいささか俳句歴もあり、俳諧（連歌）の下地もあるつもりだが、この「愛宕百韻」全句をつぶさに読んでみても月並みでごく自然な「百

韻」であって、光秀の謀叛心など微塵も感じられない。

それがどうして、「時＝土岐一族」とか、「天下を支配する」「流れの先をせきとめて」（御謀叛をおとどめしたい）になってしまうのであろうか。

「見あぐれば雨が滴しる五月哉」という軽快な衝動を、発句だけに「ときは今……」と改まって詠み出しただけではないのだろうか。

「発句」は主客の明智光秀で始まり、「脇句《わきく》」は愛宕山院主の行祐《ぎょうゆう》、第三句は「宗匠句」で里村紹巴。ここから参会者を一巡していくのだが、この紹巴の句で「御謀叛をおとどめしたい」と揣摩臆測させること自体に、何か尋常ならざるものを感じるのだ。

「初めに光秀の謀叛ありき」が横溢し過ぎてはいないだろうか。

『明智光秀家中軍法』を見てもわかるとおり、光秀はきわめて理知的であり、几帳面な性格であった。また、とりわけ思慮深い性格でもあった。

そんな神経の細やかな光秀が、いかに親交が厚い間柄とはいえ、尋常ならざる連歌師・里村紹巴の前でぬけぬけと、「土岐源氏の末裔たる私が、天下を支配すべき五月になったのだ」と、信長弑逆《しいぎゃく》をその決行前に、堂々と宣言するものだろうか。大いに疑問が残る点である。

●「勢多大橋」炎上の真の目的

次に、「勢多大橋」炎上の件について考えてみたい。

『兼見卿記』にも、「事終而惟日大津通下向也、山岡館放火云々」と見えるように、光秀の誘降に勢多（現在の滋賀県大津市瀬田）城主の山岡景隆はかえって勢多大橋（大津市の瀬田川にかかる橋）を焼き落とし、しかも自分の城にも放火して、光秀に応ぜずして山中に入ってしまった。光秀はやむなく橋詰めに足場となる砦を築かせ、夕刻三千の兵を率いて坂本に帰城したという事件である。

この山岡景隆の取った行動は、尋常ならざるものである。わずか三千の兵で安土城に向かう明智軍はなにも勢多城を攻撃するわけではないのに、なぜか大橋を焼き払って、かつ城にまで火を放って山中に逃避してしまうのだ。

この事件は大方の史家・作家にとっては、きわめて末梢《まつしよう》的な事象と片付けられがちだが、山岡景隆の特異な行動には、「本能寺の変」の謎追いに欠かせない手がかりが内包されている。

勢多大橋炎上は「本能寺の変」が起きて、まだ十時間経ったか経たないかのうちに起きた事件なのだ。午後二時頃京を発し、急遽安土城に向かわんとする光秀への、事前に仕組まれていた予定の行動といってもけっして過言ではないのである。

八切止夫氏の『山岡景隆論』を読むと、本来ならば山岡景隆は、光秀を迎え出て、「一体何事が出来《しゆったい》したのか」と話を聞き、ともに善後策を講ずるのがごく普通の途でなかろうかと思う。なにしろ、かつて十五代足利義昭に共に仕えた仲であり、この十年前に景隆は弟、山岡景友《かげとも》とともに信長に叛き、誅《ちゆう》されるところを光秀に助命され、つつがなく勢多城主の位置を保てた男である。

それなのに、六月二日の午後三時から四時までの間に、光秀の安土城への通行を阻止するために瀬田大橋を焼き払ってしまったということは、これは秀吉か、家康、または他の黒幕から前もって予告され、密命が下っていたと考えられる。

もし光秀が当日、安土城に入っていたら、信長の生死不明のままにしろ、重臣の一人として、なんらかの善後策をとっていたであろう。

そうすれば天下は動揺することなく、当時伊勢《いせ》にいた織田信雄か、住吉の大物浦《だいもつのうら》で出航するために大坂城にいた織田信孝かの、どちらかに跡目が落ち着くに決まっている。だからこそ、それでは困る人間が安土城に光秀を入れないように、橋を焼き落とさせてしまったのではないだろうか。それ以外には考えられない、不可解な山岡景隆の動向である。

また架橋するために砦まで構えたということは、光秀勢は琵琶湖の付近から山岡勢に弓・鉄炮を撃ち掛けられ、修築を妨害されたことになる。すなわち何者かが光秀を陥《おとしい》れるためか、安土城に行かせず孤立させることによって、事変のすべてを光秀に転嫁させようとする謀《はかりごと》ではなかろうかという疑惑が、一段と濃くなって来る。

当然ここにも、秀吉の陰謀の一端を垣間見る思いが強くなるのである。

だが『慶長見聞録案紙』によれば、山岡景友はこの二年後、伊勢峯城《みねじょう》にあって秀吉と激戦し、「徳川家康の黒幕」といわれた山岡道阿弥《どうあみ》に名乗りを変える。そして秀吉の死後、伏見《ふしみ》城に家康が入ると、その守護のため伏見城後詰に取り出し屋敷を構えて鉄炮隊で固めたり、関ヶ原《せきはら》においては長束正家《なつかまさいえ》を破ったり、ついで尾張蟹江《かにえ》城を攻略したりと、懸命に家康に奉仕するのだ。

すなわち「本能寺の変」の二年後に山岡景隆・景友兄弟は、真偽不明の柴田勝家方加担の罪のために秀吉によって城地を追われてしまい、やむなく家康を頼っていったと、『武家事紀』や『寛政重修諸家譜』には残っている。

つまり光秀への義理を踏みにじるほど、秀吉か、家康の強い密命を受けていたと考えるしかないのだ。さしずめ当初は秀吉の命令下で仕えたものの、その後の秀吉との軋轢《あつれき》で、家康を頼ったのだろう。

ところで、この「勢多（瀬田）大橋」は、信長が安土から都への道が楽になるように、琵琶湖の狭くなった激流の勢多に立派な木橋を架けたものである。

横幅は四間、全長一八〇間。

「橋の中央には、休憩所まで設けてあった」とフロイスの『日本史』にも書かれている。

●一級史料「覚」は偽物だった

「本能寺の変」から四百三十三年来、厳然たる一級史料として存在し続ける一通の書状がある。それが細川家『永青文庫蔵』の文書であって、天正十年（一五八二）六月九日、明智光秀が盟友である細川藤孝に宛てた有名な「覚」である。

なお、言うまでもないことではあるが、細川藤孝の息子・忠興は、光秀の娘・玉（ガラシャ）の夫である。つまり、細川忠興は光秀にとって、義理の息子ということになる。

【覚】

一、御父子もとゆゐ御払候由、尤無余儀候、一旦、我等も腹立候へ共、思案候程、かやうニあるへきと存候、雖然、此上は大身を被出候て、御入魂所希候事、

一、国之事、内々摂津を存当候て、御のほりを相待つる、但、若之儀思召寄候ハヽ、是以同前ニ候、指合きと可申付候事、

一、我等不慮之儀存立候事、忠興（①）など取立可申とての儀ニ候、更無別条候、五十日、百日之内ニハ、近国之儀可相仮堅候間、其以後十五郎、与一郎殿（②）など引渡申候て、何事も存間敷候、委細、両人可被申候事、

以上

六月九日　　　　　　　　　　　　光秀（花押）

実はこの書状を読み下して、私は唖然《あぜん》とした記憶がある。有職故実に造詣《ぞうけい》が深く、当代一級の知識人にして稀有《けう》の智将と謳われた明智光秀にしては、何と稚拙な文章であろうか。

（一の条）当初、御父子の振る舞いに一旦腹を立てたところ、御両者の剃髪《ていはつ》の覚悟もっとものことと存じるが、何卒大身の武将を差し出して参陣を請い願う次第である。

（二の条）領地のことは、摂津を差し上げるので上洛を待ちたい。また但馬・若狭も御望みならば御意のままに……。

（三の条）このたびの不慮の儀は、忠興などを取り立てるためで望外な考えはない。五十日から百日で近畿一円を統一したら十五郎《じゅうごろう》（光慶《みつよし》）や与一郎《よいちろう》殿（忠興）に天下を引き渡して、自分は身を引く所存。使いの者両人に委細を申されたい。

というような意訳になるだろうが、主君・信長を弑逆するというとてつもない大事変も、実はこんな親馬鹿（忠興などを取り立てるためで望外な考えはない）のなせる、他愛もない仕儀であったのだろうか。

まず目に付くのは「御のほり」（参陣）いただけるなら、摂津を差し上げ、但馬も若狭も御意のままに、という二の条の部分。

また①で「忠興」と呼び捨てて置きながら、急に②で「与一郎殿」と畏《かしこ》まる不自然さ。

それに、この書状には宛名がないのが実に奇妙である。あまりも近しい間柄だったので、故意に書き忘れたのだろうか。
あの細川藤孝に、領土を餌に参陣を請うたり、嫡子・忠興（与一郎）に天下を引き渡すかの示唆を見せたり、かかるていたらくの文章を読めば、この書状が偽筆であることは一目瞭然である。
しかるに戦国研究家・谷口克広《たにぐちかつひろ》氏はこの「覚」について、
〈従来は、無欲を装った、単なる光秀のポーズととらえられてきた。しかし、実際に光秀には、信長に代わって政権を左右するなどといった野心はなかったのではないだろうか。ここに表われた文言は、案外と光秀の真情を吐露しているのではないか。と思われるのである〉
と、その著書『検証　本能寺の変』（吉川弘文館）で記している。つまり、偽書の可能性はまったく検討せず、光秀の真筆であることを前提に論じている。
しかし、別著『図説・戦国武将118』（学研）では谷口氏本人が、
〈明智光秀は几帳面な男だった。そして、武将にしておくに惜しいほどの文化人だった。天正二（一五七四）年、長島一向一揆《ながしまいっこういっき》攻めの最中の信長が七月二十九日付けで光秀に宛てた書状がある。光秀が摂津方面の戦況を報告した注進状に対する返書である。それには、

「書中つぶさに候《そうら》えば、見る心地に候」という言文がある。光秀の注進状は詳しく、そしてリアルに書かれていたのだろう〉

と述べている。つまり光秀は、信長も誉めそやすほどの名文家でもあったのだ。

ところがこの「覚」たるや、己の最愛の娘（三女）ガラシャの婿殿や、息子を取り立てる完全な親馬鹿のなせる謀叛であると述べているだけで、そこには専横君主・織田信長の「天下布武」を阻む憂国の士の切々たる感情の吐露、あるいは「朝廷」の尊厳回復、または「将軍家復権」などという大義名分が微塵もない。

私は、この書状は紛れもなく偽筆であると確信している。

そして、次のような仮説を立てるに至った。

すなわち問題の六月九日、その日は光秀にとって多忙極まりない一日だったが、その夕刻、吉田兼見邸に光秀が招かれ夕餉《ゆうげ》の折（そこには里村紹巴も同席していたのだが）、秀吉軍接近の報に接した。そこで急遽、伏見鳥羽の陣に向かう光秀に兼見が、

「日向守様はこれから鳥羽の陣に赴かれる身ですから、某《それがし》が細川藤孝殿を味方に誘降すべく、推敲《すいこう》して書状を差し向けるゆえ、お任せいただきたい」

と得心させて、光秀の花押のみを記した白紙一、二枚を兼見が預かり、細工をしたので

はなかろうか。いわゆる「白紙委任状」である。

ところが、後日、戦国史研究家・立花京子《たちばなきようこ》氏の発言を知って驚愕した。

立花氏はある対談で、「あの文書の花押は、光秀の本当の花押じゃない」と言っているのだ（『真説　本能寺の変』集英社刊）。

〈細川家には申し訳ないんですけれど、あの文書の花押がちょっとおかしいですね。光秀の本当の花押じゃない。私は「光秀文書目録」をつくるとき、光秀の花押を一二〇個ぐらい集め、その形の変化でもってその年次比定ができる表をつくりました。私の分類では天正七年の七、八月から十年の「変」までの間がⅦ型といって、細川家文書の形はそこに分類できます。一応、花押の形はそうであるけれど、ほかでは絶対見られない筆の太さがそこに現れているんですね。光秀が書いたものではないと思います。私は非常に藤孝が怪しいと睨んでいます。では、いつから怪しくなるか。さきほど申し上げた天正九年四月、宮津で連歌を巻いたときから計画が起こされたのではないかと思うのです〉

花押だけは本物なのか、それすら偽物なのか。いずれにしても、従来一級史料と思われていたこの「覚」が「偽文書」であることは、私の「稚拙な文意だから」という根拠だけでなく、この立花氏の論からも、大きく前進した次第である。

●誰が文書を捏造したのか

では、なぜこのような「偽文書」を捏造する必要があったのか。

答えは簡単だ。この文書には光秀謀叛の単純な動機が表出されており、遠く備中高松にいた秀吉は「本能寺の変」に無関係であったという、後日の証拠として最適のものだったからである。

では誰が捏造したのか。細川藤孝と吉田兼見の合作（紹巴添削）と考えるのが、ごく自然だろう。紹巴も加わった三者の係り合いは緊密で、前述の『兼見卿記』七月六日の条でこの三人が紹巴邸で会談した記述（今度の仕合せ、あらあら相談しおわんぬ）にも、三人が秀吉の陰謀に大きく関わっていることが如実に表出されている。

おそらく光秀は、盟友であり姻戚関係にある細川藤孝に、本能寺襲撃は自分ではないことを言明し、参陣を請う書状（つまり、現在残されている「覚」とは逆の内容になる）を書いたのであろう。しかし、たぶんそれは、藤孝の手によって消滅したことだろう。

また一説には、光秀の使者・沼田光友《ぬまたみつとも》が事変当日の六月二日、宮津《みやづ》に到着し、忠興は使者への返答には及ばず斬り捨てようとしたが、藤孝が「思う旨あり」と制止したという。そして父子共々剃髪して信長の喪に服し、その一方で忠興は妻・玉（ガラシャ）を丹波味土野《みどの》へ幽閉した。かくして藤孝は、信長の喪に服すことを隠れ蓑《みの》にして「中立」という最善の方策を採ったわけであり、光秀に恩顧を受けた筒井順慶もそれに倣《なら》ったのだろう。中立とはいかにも聞こえがよいが、秀吉方に与《くみ》したも同然なことになるのである。

ところで、この件で一番腑《ふ》に落ちないことは、藤孝宛の書状がなぜ事変より七日も過ぎた六月九日付であったのか、という点である。あの「奇跡の中国大返し軍団」が、姫路を発して兵庫に着陣している時点でもあるのだ（もっとも、前述のように六月二日説も存在している）。

この遅延の事由を高柳光壽氏は、

〈光秀の失敗は、細川藤孝・忠興父子や筒井順慶を味方にすることができなかったばかりでなく、池田恒興以下中川清秀・高山重友《しげとも》（右近）、さらに塩川《しおかわ》氏など摂津衆を味方にすることができなかったことである。しかしこれをもって彼を無能とすることは酷である。光秀としては、これらの人々は自分の組下であるので、当然自分に味方すると考えていたであろう。それが不安であったとしても、これらの人々に圧力を加えるよりも、早く信長の本拠を覆滅《ふくめつ》しなければならない。それで安土の占領と近江の平定を先にした。これは当然である。摂津や大和や丹後は後でよい。そう考えることが至当《しとう》である。ただこの至当の処置が至当でなくなったのは急速な秀吉の進出であったのである。秀吉は高松にひっかかっている。そう考えるのが当然である。この当然が当然でなくなったので、摂津・大和・丹後の処置を後にするという至当が至当でなくなったのである〉

と主張している。

だが、これには首を傾げざるを得ない。何よりも電光石火のごとく逸早く威勢を示して、真っ先に細川藤孝父子や筒井順慶を姻戚・恩顧を楯にして取り込めば、自ずと池田恒興・中川清秀・高山右近らも同調して与力しただろう。これによって明智軍は、三万有余と優勢に立つのだ。

「本能寺の変」が起きてから一週間後の細川父子への接触は、不自然なまでに遅いと言わざるを得ない。

ところで、前述した立花京子氏の「偽花押説」への反論として、三重大学の藤田達生氏は、

〈本資料の光秀花押を詳細に検討した立花京子氏は、「上部の中央線が他に例のないほど

に太く、しかもそれの延長にあるべき下部になると段階的に細くなり、他の花押には決して見られない不自然な筆の運びになっている」とし、「筆跡の鑑定などを必要とする要検討文書と考える」と判断している。確かに、全体的に勢いのない筆跡であるが、これこそ光秀の落胆を如実に示しているのではなかろうか。最も信頼している細川父子に完全に裏切られたことを悟った直後に認《したた》めたとみるべきだからである〉

と指摘するが、これはいささかおかしい。順番が逆である。まだ藤孝に出していない書状なのだ。恋文を出していない相手からは、絶対に肘《ひじ》鉄炮は食わないからである。

結論的に申せば、この藤孝宛、光秀の「覚」は紛うことなく偽筆であり、羽柴秀吉と細川藤孝との間には深々としたレールがすでに敷かれていたことになる。

そして、その確固たる裏付けが、次なる疑惑に連なるのだ。

●「本能寺の変」における、細川藤孝の重要な役割

羽柴秀吉と細川藤孝の密接な関係を示すものとして、天正十年七月十一日に羽柴秀吉から細川父子に発給した、有名な起請文《きしようもん》がある。

敬白起請文前書之事

一、今度、信長御不慮ニ附いて、比類なき御覚悟持ち頼もしく存じ候条、別して入魂申し上ぐるは、表裏公事を抜きんずるなく、御身上見放し申すまじき事、

一、存じ寄りの儀、心底残らず、御為よき様ニ異見申すべき事、

一、自然、中意の族これあらば、互いに直談を以て相済ますべき事、右条々もし偽りこれあるにおいては、梵天、帝釈、四大天王、惣じて日本国中大小神祇、殊に愛宕、白山、氏神御罰深重罷りこうむるべきものなり、仍って起請文件の如し、

天正拾年七月拾一日　　羽柴筑前守　秀吉（花押　血判）

長岡兵部大輔殿

長岡　与一郎殿

「今度、信長御不慮ニ附いて、比類なき御覚悟持ち頼もしく存じ候条」とは、冒頭からして尋常ならざる意味深長な文意である。細川藤孝父子の比類ないほどの秀吉方への協力を感謝しており、かつこれからの身上の保全を約束している文章なのだ。

しかもそれは光秀に関する重要機密資料の提出のみならず、「山崎の合戦」で光秀方に与同せず「中立」の立場を維持したことへの感謝以上の、はなはだ鮮烈な疑惑を感じるのだ。つまり「今度の合戦には光秀方に与せず、よくぞ中立を守ってくださった」だけではありえない状況、とにかく諸天三宝にも請願する表彰状でもあったのだ。

私が考える経緯はこうである。

一、細川藤孝が吉田兼見・里村紹巴等のスタッフを取りまとめて、「本能寺の変」の事前・事後の光秀の動向に関する情報を逐一、秀吉に報告する。
二、藤孝自身は事変成功後、さすがに今までの光秀との来歴もあり、直接敵対行為を取ることはできず、剃髪して信長の喪に服し、中立の立場を採ることで体裁よく回避する。
三、一方、他の光秀寄騎《よりき》衆には、「某《それがし》は日向守とは姻戚関係ゆえ同調いたせぬが、御貴殿衆は筑前守様に与力され、御身の安堵をはかられよ」と説得した。
四、また後述の「信孝・秀吉への太刀下賜事件」に関しても、誠仁親王等をせっついて、その舞台裏を吉田兼見等と取り仕切った。

つまり、細川藤孝には（吉田兼見・里村紹巴も含め）「本能寺の変」が起こりうること、そして光秀と秀吉が雌雄を決する「合戦」が起こり得ることは、既知の事実であった。

いつの世もそうだが、特に戦国時代というきわめて不確実な世界で、その時代を的確に読み取って己が次世代への家運を賭して、その生き残りをはかる強かさがなくてはならない。すなわち、その時代の「体制」を見据える鋭い洞察力を持ち、かつその「体制」に阿《おもね》っていくしか生き残れる道はないのだ。

だからこそ、細川藤孝・忠興父子、吉田兼見、里村紹巴は、織田信長・豊臣秀吉・徳川家康と三代にわたって知遇を受け、家名をそれぞれ末代まで伝えているのである。

●ではなぜ細川藤孝が、羽柴秀吉の謀叛に加担したのか！

考えてもいただきたい。この細川藤孝は、明智光秀率いる「近畿管領軍」の寄騎（丹後衆）である。しかも嫡子・忠興は、この光秀の娘・玉（ガラシャ）を娶《めと》っている婚姻関係である。なのになぜ光秀を裏切ってまで藤孝は、秀吉の謀叛に加担したのであろうか……。

藤孝は十二代将軍・足利義晴《よしはる》の落胤《らくいん》とも噂された御仁《ごじん》で、十三代足利義輝《よしてる》に仕えた将軍側近の御供衆であった。ところが永禄八年五月、この義輝が三好《みよし》三人衆らに暗殺されるや、義輝の実弟、奈良興福寺《こうふくじ》一乗寺門跡だった覚慶《かくけい》を幽閉の身から救い出して還俗させ、義秋（義昭）と改め各地を流寓しながら将軍就任のためのスポンサー探しを始めるのである。ここで通説では明智光秀が一役買って出て、足利義昭と織田信長を結びつけるのであるが、事実はそうではなく、この細川藤孝がすべてを取り仕切っていたのだ。

つまり織田信長は、永禄二年に上洛して足利義輝に謁見しており、信長と藤孝とはすでに面識があったのである（織田信秀・信長父子は、尾張の守護職を目論んでいたのか、朝廷・幕府に莫大な寄進をしている）。

やがて紆余曲折《うよきょくせつ》の過程を経て藤孝は朝倉義景らを見限り、信長に次期将軍候補・義昭上洛の援助を要請して、やっと両者間で上洛が実現したのである。

では明智光秀とは一体何者であったのか……。

天正十年六月十七日の『多聞院日記』で著者・長実房英俊《ちょうじつぼうえいしゅん》が光秀の討死を知って、

「細川ノ兵部太夫《ひようぶだゆう》カ中間《ちゆうげん》ニテアリシヲ引立之……」すなわち〈光秀は細川藤孝の中間だったのを信長に引き立てられたのに恩を忘れ、天命かくの如し〉と蔑《さげす》む件《くだり》である。またフロイスの『日本史』でも、「彼はもとより高貴な出ではなく、信長の治世の初期には、公方《くぼう》様の邸の一貴人兵部太輔と称する人に奉仕していたのである」とあるから光秀は、藤孝の足軽・雑用係の中間（小者《こもの》）として仕えていたらしい（史料価値は乏しいが『老人雑話』にも同様の記述がある）。

ところが義輝暗殺事件が勃発して、主家の藤孝が義昭を供奉《ぐぶ》して諸国を流寓することとなり、臨時幕府内の人手不足からか、藤孝の従者から幕府の足軽衆に登用されたのであろう。そしてここに世に言う『永禄六年諸役人附』に登用の足軽衆の末尾に見られる「明智」が光秀であるとされるのであるが、それは十三代義輝の時代ではなく、後の十五代義昭の時期である。

そこでなぜ明智光秀は、織田信長と係り合えたのかということだが……細川藤孝によって成立した足利義昭との路線を円滑に進捗させるべく、現代的にいえば「幕府側」から「信長側」に派遣された出向社員みたいなものであり、光秀は幕府側の申次《もうしつぎ》として機能していたのである（つまり当初は、幕府側の禄を食《は》む出向社員であったのだ）。

つまり通説では、光秀は越前の朝倉義景の禄を食んでいたが、この義昭一行の流寓時を契機に義昭に臣従し、織田信長との折衝云々、といわれる……しかし私は前述の経緯を採りたい。その一例として永禄十三年一月二十三日の、義昭・信長間が不穏な状態になり、信長が『五カ条の条書』で義昭を厳しく糺《ただ》した折、信長側は「朝山上人（日乗・政僧）」宛であり、義昭側では「明智十兵衛どの」と、光秀が名義人となり、かつ殿書《どのが》きがしてあり、足利義昭が了承の袖印を渋々捺《お》しているのである。

また前掲、フロイスの『日本史』の追加文で、「（光秀は）その才覚・深慮さ・狡猾《こうかつ》さにより信長の寵愛を受けることとなり、主君とその恩恵を利することをわきまえていた」ともあるが……この日記は「本能寺の変」直後に書かれたものであるから「狡猾さ」は割引くとしても、当初から信長・光秀の間では、ただ宛がわれた出向社員の関係だけではなく、おのずと光秀の資質を信長は見抜き、政務・軍事面でもきちんとその役割をこなす光秀を、己が軍団の正式役員に組み入れたかったのであろう。すなわち事例の詳細は別途挙げてみたいが、「比叡山焼き討ち」以来、「本能寺の変」周辺までの信長・光秀の間には不協和音が一切聞こえてこないほど良好であったのだ（ルイス・フロイスは事変当時、現場から遥かに遠い長崎の口之津《くちのつ》にいたのである）。

一方細川藤孝もついには将軍・義昭を見限って信長に臣従する日が来るのであるが……時すでに遅く光秀は、織田軍団の中堅役員に出世していたのだ。すなわちかつて藤孝は、光秀の主家であったという潜在的な面子《めんつ》が潰されていたのである。たとえばいつの世にも変わらぬ、大手会社の同期組の中から、まさかの者が突出して役員に昇格したというようなケースだが、いわんや一応上司だった連中においてをや、いかばかりの羨望と妬みが走るものであろうか。

だからこそ光秀を、謀叛の囮《おとり》として使う秀吉の筋書きに応じたのであろう。だが藤孝は秀吉に与《くみ》しても、さすがに光秀とは戦えないので、信長への弔意を表し剃髪して隠居の道をとり、筒井順慶共々中立を宣したのであるが、中立も光秀側の戦力を殺《そ》ぐための立派な秀吉方への与同でもあったのである（それに嫡子・忠興と光秀の娘・玉との婚姻も、あくまでも信長の配慮であって、決して藤孝の意思ではなかったのである）。

また恐らくこの忠興の妻・玉は、「本能寺の変」の真相を知っていたのであろう……形式的にはこの玉を事件後すみやかに、宮津の山奥の味土野に幽閉しているが、その後夫・忠興とは不仲になり、玉は苦悩の末、宗教（基督教）に救いを求め、洗礼を受けてガラシャとなる。やがて「関ヶ原の戦い」を前にして石田三成《いしだみつなり》は、大坂在住の武将の妻たちを人質として集める手段に出るのだが、これを拒否するガラシャは、徳川方に参陣する夫への操《みさお》を立て死を選ぶのである。しかし基督教信者には自決が赦されず家臣の小笠原少斎《おがさわらしょうさい》の手にかかることとなる。だがこの時近隣の大名・加藤清正《かとうきよまさ》、黒田長政《くろだながまさ》などの奥方らはみな逃げており……しかも細川家でも、長男・忠隆《ただたか》の妻・千世《ちよ》や、ガラシャの娘・多羅《たら》姫・万《まん》姫、また忠興の伯母の宮川《みやがわ》殿らも無事に逃げおおせているのである。なのになぜガラシャだけが逃げ遅れたのか……そこにはやはり「本能寺の変」に絡む葛藤があったのであろう。つまりこの夫婦間の乖離《かいり》は秀吉に加担し、父・光秀を冤罪に追い込んだ細川父子への、死を賭しての無言の抗議としか考えられないのである。

●もう一通の光秀密書の謎

ところで、光秀が「本能寺の変」に関して記した書状として有名なものとしては、前述の「覚」のほかに、もう一通ある。

秀吉が、この事変を知るところとなったと言われている密書である。
「通説」では、「本能寺の変」の翌六月三日の夜半、明智光秀が小早川隆景に宛てた密書を携えた使者が、よりによって秀吉の陣中に紛れ込み、捕えられて秀吉がその事変を知るというのである。しかもその密書には、次の文面がまことしやかに登場する。

《急度、飛檄をもって、言上せしめ候。こんど、羽柴秀吉こと、備中国において乱妨くわだつる条、将軍御旗をいだされ、三家御対陣のよし、まことに御忠烈のいたり、ながく末世につたうべく候。しからば、光秀こと、近年、信長にたいし、いきどほりをいだき、遺恨もだしがたく候。今月二日、本能寺において、信長親子を誅し、素懐を達し候。かつは、将軍御本意をとげられるの条、生前の大慶、これに過ぐべからず候。このむね、よろしく御披露にあずかるべきものなり。盛惶盛恐　　惟任日向守
六月二日　小早川左衛門佐《すけ》殿　》（『別本川角太閤記』）

この密書を読んだ秀吉は、寝耳に水の主君の凶報に驚き、わなわなと密書を手にして号泣する。かくして光秀の使者が致命的なミスを犯してしまい、光秀と秀吉の運・不運が天

命のごとくここで決まってしまうことになるのだ。

この件に関しては、枚挙に遑《いとま》がないほど、歴史家・作家諸氏が書き捲《まく》っている。だが六月三日の夜半、羽柴秀吉の許に「本能寺の変」の急報を届けたのは、親信長派といわれた長谷川宗仁だったという説が、最近では通説化しているようだ。

ところで光秀の問題の密書だが、かなり不可思議な点がある。

「遺恨もだしがたく候。今月二日、本能寺において、信長親子を誅し、素懐を達し候」と記しているのだが、この密書の日付である六月二日の段階では、信長父子の生死はまだ不明であった。

『当代記』にも「焼け死に玉ふか、終《つい》に御死骸見へ給はず、惟任も不審に存じ、色々相尋ねけれども、その甲斐無し、御年四十九才」とあり、またある公卿の日記にも「一、洛中騒動、斜メナラズ」とある。

信長の遺骸が見当たらなくて、明智光秀は六月二日から四日まで大騒ぎをして京都中を捜しまわったがその甲斐もなく、信忠の遺骸ともども見当たらなかったのである。

ところが『別本川角太閤記』では、はっきりと六月二日に光秀が信長父子を弑逆したと記しており、また多くの歴史家・作家の諸氏も何の迷いもなく、「光秀の密書」として引用している。

また光秀が発給したという『西尾光教への大垣城受け渡し要請文』でも六月二日の日付で、「（信長・信忠）父子の悪逆天下の妨げ、打ち果たし候……」とあり、これもほとんどの史家が一級史料と認定しているようだが、まずあり得ないことだ。

この時点で「信長親子を誅し」と断言できるのは、「本能寺の変」の実行犯しかいないはずである。しかもその人物は、この密書が来ないことには、水攻めを中止して京都に戻ることができない――この密書も偽書ではないかと考える次第である。

●秀吉は「太刀下賜」によって、朝廷のお墨付きを得た

「山崎の合戦」が秀吉軍の大勝利で終わった翌日の六月十四日、勝竜寺城をへて上洛する織田信孝《のぶたか》と秀吉は、桂川《かつらがわ》を渡河してすぐの「塔《とう》の森《もり》」で、正親町天皇の勅使として権中納言・勧修寺晴豊、また誠仁親王の御使いとして権中納言・広橋兼勝《ひろはしかねかつ》の両公卿から太刀を下賜された。

勧修寺晴豊の『日々記』（『天正十年夏記』）によれば、

「十四日、雨降、せうれん寺（勝龍）おもて打ちはたし、三七郎（信孝）・藤吉郎（秀吉）上洛之由候、余・勅使両人御太刀拝領させられ候、広橋、親王御方ヨリ御使参候、御太刀同前也、たうのもり（塔の森）まで参候て待申候、とうの林（ママ）にて申聞候、一段はやはやとかたしけなき由申候、両人の者馬よりおり申渡申候……（略）」

すなわち、信孝と秀吉は「早々の御使い忝《かたじけな》し」と馬から降りて、うやうやしく太刀を拝領したのである。明智光秀を討ったのが信孝でなく、秀吉の快挙だったことは衆目の一致するところだったが、信長の弔い合戦の名目人として信孝を立て、当日やっと駆け付けた信孝の到着を待って、「山崎の合戦」の火蓋は切って落とされたのだ。

信孝にしてみれば、父と兄が光秀なるものに謀殺された以上、織田家の正統の後継者は二男の信雄《のぶかつ》か、三男の自分であることは自明のことで、しかも信雄はこの弔い合戦には参戦できず、すでに後れを取っていた。

では、秀吉までもがなぜこの「太刀下賜」の栄誉に浴したのか。

実はここにこそ、「本能寺の変＝秀吉陰謀説」の真骨頂が隠されていたのだ。

すなわち、朝廷が太刀を下賜するというのは、征夷大将軍が叛乱軍制圧に出陣する時の儀式である。太刀下賜によって、信孝は兄の信雄よりも、そして秀吉は同僚の重臣たちよりも、天下盗りへ大きく抜きんでたことになったのである。

しかも秀吉にとっては、主筋の信孝とも比肩しえるチャンスでもあり、まったく同格となったのだ。つまり、ここで初めて次の天下を狙える資格が秀吉にも与えられたこととなる。当面は呉越同舟《ごえつどうしゅう》さながらで、後は信孝を蹴落とす機会をつくればよいわけである。それが「清洲会議」に具現していくことになる。

では、信孝と秀吉の上洛途上に仕組まれた「太刀下賜」は、なぜこんなにも手際よく進められたのであろうか。

朝廷は当初、未曾有のクーデターに驚き、かつ今後の趨勢《すうせい》を慎重に見極めるために息をひそめていた。そして誠仁親王に近侍する公卿・勧修寺晴豊が働きを見せた。

勧修寺晴豊は従二位権中納言の地位にあり、誠仁親王に近侍して「武家伝奏の任」に就いていたので織田信長とも度々折衝していた。六月一日、総勢四十数人の公卿衆が本能寺の信長の許を訪れたのだが、その折の一人としてこの晴豊も面謁している。

そこで信長から、「今度の武田攻めの自慢話を聞き、また毛利攻めはこの（六月）四日に出陣するが、雑作ない」ことや、「信長が十二月に閏月を入れるというが、これは無理なことだ」と憤慨しているさまが、晴豊の『日々記』に記されている。

かくして翌早朝、その本能寺で大事件が勃発したわけだが、六月六日には誠仁親王の命を受けた晴豊が、明智光秀と親交が深い神官・吉田兼見を勅使に任命して安土城に滞在している光秀の許に下向させた。そして、光秀のかりそめの天下と関わり合い、銀子五百枚の献上を受けるのだが、晴豊も兼見から、光秀・秀吉サイドの情報を逐一収集・分析して親王に報告した。

やがて光秀サイドが不利という結論に達するや、光秀からの「銀子五百枚」献上の経緯もあり、秀吉側からの反動も怖れ、光秀が敗戦した場合に秀吉から威嚇《いかく》されうるさまざまなシチュエーションも考慮し、かつ兼見（と細川藤孝）を介した秀吉側の強い要望として、事態が決するや否や、速やかに「太刀下賜」の実行に踏み切ったのであろう。

手際の良さを勘案すると、そうとしか考えられない。

繰り返しになるが、この「太刀下賜」は「光秀退治劇」の画竜点睛《がりょうてんせい》であり、次期武家の棟梁《とうりょう》たる「征夷大将軍」の内示を朝廷から正式に認可された、何物にも代えがたいセレモニーだったのである。

すなわちここにも、吉田兼見を仲介とした細川藤孝の「フィクサー」ぶりが如実に浮かび上がってくるのであり、藤孝に発給した前述の秀吉『起請文』の論功行賞の一部ともなり、辻褄が合う。

●信長の息子たちは、なぜ天下をとれなかったのか

「本能寺の変」以降、もっとも不可解なことといえば、織田家の総帥・織田信長とその後継者・信忠が謀殺されたのだから、その忠臣たる羽柴秀吉が他の重臣たちと相協力し、織田信雄か織田信孝を守《も》り立てて織田家存続を図り、亡き主君・織田信長の雄図を継がせるのが当然のことなのに、そうはならなかったという点だろう。

秀吉の「山崎の合戦」後における権謀術策を要約してみる。

・天正十年六月十四日、信孝・秀吉への「太刀下賜」(信孝と秀吉の同格化)。
・六月二十七日、「清洲会議」。

織田家宿老、柴田勝家、羽柴秀吉、丹羽長秀、池田恒興による話し合い。織田家後継者として信忠の嫡子・三法師《さんぼうし》（織田秀信《ひでのぶ》）に決まる。叔父の織田信雄・織田信孝が後見人に（勝家は信孝を推したが、秀吉の主導で三法師に決まる）。

・十月十五日「信長の大葬儀」。

京都・大徳寺にて施主・秀勝（信長の四男・秀吉の養子）。この大葬儀には、「清洲会議」の宿老・池田恒興も参席。丹羽長秀は名代を立てる。また細川藤孝も参席。筒井順慶は警固の兵を出している。納棺の列は二列三千人に及び、信長臣下の大半も参列して、秀吉が信長の後継者であることの威光をまざまざと満天下に示した。これは「清洲会議」及び、信雄・信孝をないがしろにするもので、両者に大きな衝撃を与え、二人は早速、徳川家康に与同する。

・秀吉は丹羽長秀と与同し、羽柴＝丹羽体制を固め、信雄・信孝の離間を画策する。信孝は柴田勝家と結び体制を強める。勝家へ叔母「於市《おいち》」との婚姻を推挙する。信孝は後見人として三法師を手放さず、勝家を除く清洲会議出席者の三人が合議し三法師の代わりとして信雄を家督として据える（一旦、信雄を抱き込む）。

そして信孝に謀叛心ありとして、岐阜城の信孝を攻め、降伏させて岐阜城に蟄居《ちつきよ》させる。

ここで信雄を推戴する秀吉と、信孝を支持する勝家との衝突が不可避となる（むしろこの状態になるように、秀吉が画策した）。

・天正十一年（一五八三）三月、「賤ヶ岳の決戦」。

柴田勝家が、越前・北の庄《きたしょう》から南下を決意して出陣し、四月に秀吉軍と対峙するや、岐阜城で蟄居中の信孝が再決起し、四月十六日、秀吉は信孝を攻めるために急遽、美濃大垣城に入る。それに呼応して佐久間盛政が秀吉の本陣を衝くが、深追いし過ぎて柴田軍敗北の因を作り、さらに（事前に籠絡されていた）前田利家・金森長近《ながちか》・不破《ふわ》勝光《かつみつ》軍が戦列を離脱してしまい、柴田軍は敗走（柴田勝家は越中・北の庄に逃げ戻り、於市と自刃する）。

一方、岐阜城の信孝も信雄に攻められ、勝家敗戦で信雄に降り、自刃する。

・大坂城築城……旧・大坂本願寺跡に天正十一年起工。天下盗りの後継者ぶりを露わにし、秀吉・信雄間の不仲を増大させる。

・天正十二年（一五八四）三月「小牧・長久手《ながくて》の戦い」。

反対する重臣三人を斬って信雄は、家康を頼み挙兵して暫し戦うが、秀吉に懐柔されて不可解な休戦。やがて信雄は改易されることになる。

・天正十三年（一五八五）三月、秀吉政権の成立。

このように、すべて秀吉主導で挑発的行為を展開し、特に信雄・信孝間の抗争心を煽り、信雄＝秀吉、信孝＝勝家の構図を形づくる。しかも信雄に信孝を殺させ、さらに信雄を改易に追いこんでしまうという権謀術策に長《た》けた作戦を採用して、天下を我が物にしてしまう。秀吉にとって、ハードルの高い作業ではなかったのだ。

●安土城を炎上させたのは誰か

織田信長によってつくられた名城・安土城は、「山崎の合戦」後、焼失している。この安土城炎上は、織田信雄の仕業《しわざ》ということで、歴史的事実の一つに定着している。

そこで高柳光壽氏の『明智光秀』を見てみると、

〈光秀が弑逆を決行する当時、信長の次子信雄は伊勢にいた。しかしその兵の大部分は信孝の四国征伐に従軍していたので、わずかの守兵だけであり、到底光秀に対抗し得る力はなく、いわんや積極的に攻勢に出ることができるようなものではなかった。だから彼は光秀が滅亡したのち、安土城の守兵となっていた明智秀満が安土城を棄てたのちに、ここに

入り、しかも狼狽していたのであろう。すでに安全となった安土城を焼いたという有様であった〉

と書かれている。

また宣教師フロイスの『耶蘇会日本年報』でも、

〈安土山において津（摂津）の国において起った敗亡（光秀敗亡）が聞こえて、明智が同所に置いた守将は、勇気を失い、急遽、坂本に退いたが、余り急いだため、安土に火をかけなかった。併し主は信長栄華の記念を残さざるため、敵の見逃した広大なる建築のそのまま遺ることを許し給わず、附近にいた信長の一子が、いかなる理由によるか明らかではない、なく城の最高の主要な室に火をつけさせ、ついに市にも火をつけることを命じた〉

と駄目を押す始末。信長が「天下布武」の夢を託し壮麗を極めた美城も、あわれ愚息の手によって六月十五日、琵琶湖を赤々と染め、悲しいほど美しく映えて炎上してしまった……（いずれの傍点も引用者で、私の方が理解に苦しむところである）。

しかし、では信雄は、何のために安土城を炎上させたのだろうか。

信雄が放火する根拠は、実はまったく見当たらない。

信雄の立場を理詰めで考えれば、わかりきったことである。父信長、兄信忠が非業の死を遂げたが、信孝・秀吉軍が明智光秀を斃している。天下は混乱しているものの、自分（織田信雄）はれっきとした織田家後継者の筆頭であり、柴田勝家・羽柴秀吉等重臣が合議して、自分を後継者に推すことは疑いようもない。となれば、自分がこの安土城の主となって父の偉業を継ぐわけで、この城こそ掛け替えのない権威の象徴である。

その安土城を、たとえいかなる暗愚な性格としても、放火するだろうか。それこそ家臣の津田掃部《かもん》や小坂孫九郎《おざかまごくろう》辺りが、命を賭してでも諫《いさ》めたことであろう。

一方、歴史研究家の滝喜義《たききよし》氏は『「武功夜話」のすべて』（新人物往来社）で、光秀の重臣である「放火犯＝明智左馬助説」を唱えている。

〈安土炎上について、細川家記『綿考輯録《めんこうしゆうろく》』が次の如く記していることは、フロイス書簡が虚報であり、安土炎上は、明智左馬助退去の際の兵火によることと証している（『綿考輯録』巻九）。「左馬助は安土ニ在て城を焼、路次の敵を切ぬけて、坂本の城に入り、同十四日光秀の内室子息を殺して、其身も自殺、生年四十六歳、光秀の聟なり、光春《みつはる》室八秀《しゆう》林院《りんいん》様の姉也、初メ荒木村重ニ被嫁候」細川忠興室秀林院は明智光秀の娘であり、左馬助光春室は、その姉である。明智の動静にはもっとも詳しい細川家記の記するところは、『武功夜話』の記述とも、ほぼ一致する。したがって安土炎上は明智左馬助の兵火によるとみるのが至当で、信雄放火説は再検討の要がある。なお『明智軍記』にも明智左馬助、安土退去に当たり、秀吉勢の追及を防ぐため安土民家に放火すると記しており、信雄放火説は、ここでも否定されている〉

だが滝氏の「明智左馬助放火説」だが、『細川家記』や『武功夜話』、さらに俗書として悪名高い『明智軍記』等からの出典を根拠とするのは、かなり無理な話である（『細川家記』は、事変から二百年後の天明二年（一七八二）頃、世に出ている）。

この明智左馬助光春とは、明智秀満のことである。

秀満は、岳父・明智光秀の薫陶《くんとう》よろしく茶の湯も嗜《たしな》み、茶会記に載るような教養人でもあった。名物茶器および美術品にも精通しており、折角信長が蒐《あつ》めた貴重な財産をむざむざ灰燼にするような武将ではなかったのである。

実際に秀満は坂本城落城の折、光秀の妻子や己の妻子も刺殺した後、城を囲む堀秀政の家老に、「国行《くにゆき》の太刀・吉光《よしみつ》の脇差・虚堂智愚の墨跡《ぼくせき》」その他天下の名物の焼失を懼《おそ》れ、これらを荷造りして目録を添えて送った上、城に火を放って自刃したほどの武将だったのだ。

では、安土城炎上の指令を出した黒幕とは、一体誰だったのだろうか、という問いかけはもはや愚問に等しいものであり、取りも直さず羽柴秀吉しかいないのだ。

●信長父子とともに城も消す

秀吉にとって、「安土城炎上」のメリットとは何だったのであろうか。

光秀成敗後といえども、安土城を消滅させない限り、織田信長の権力の象徴がいまだ生きていることになるのだ。清洲会議において決定した織田家の後継者・三法師（秀信）も、安土城が残っていればここに当然入ることになる。その後見人として三法師を補佐する秀吉にとっては、かなりの不都合が生じることとなるのだ。

また、いったんは後継者から外した三法師の叔父・信雄ないし信孝が入城して、執政として居直られる公算大でもある。

そのうえ安土城が存続すると、反秀吉派の筆頭・柴田勝家が信孝を擁して籠城してしまうおそれもある。秀吉としてはその制圧に長時間を要することとなって、天下統一が遠のく可能性も大なのだ。

ところが、実際には安土城が焼失してしまっている。そのため、清洲会議では、

・三法師には近江の内で三十万石の領地をつけ、前田玄以《げんい》・長谷川丹波守の両人がその側近にあってお守役を務め、その指図と責任を羽柴秀吉が負うこと。
・政治行政にわたる後見役として信雄・信孝の両人が相勤め、三法師の成人の日まで代行すること。
・安土城焼失のため、そこに屋形ができるまで、暫時、三法師の身柄は信孝が岐阜城で預かること。

などが決定された。傀儡《かいらい》化した織田家後継者・三法師のために秀吉は新たな居城を築城し、その勢力の及ぶ範囲内で後見人として織田政権を経営できるのである。

つまり秀吉にとっては、織田信長父子と同時に安土城をも消滅することが、天下盗りへの大前提だったのだ。

かくして信長・信忠父子の謀殺と明智討ちに成功し、さらに安土城炎上の目論見も、もののの見事に達成した。

●安土城炎上の実行犯を特定する

黒幕は秀吉だとして、それでは「安土城炎上」の実行犯は誰だったのか。

私の捜査メモでは、すでに織田信雄や明智秀満らは棒線が引かれ、その容疑者リストからはずされている。

新たな最重要容疑者として、蒲生氏郷《がもううじさと》の名前が浮上してくるのだ。

茶道研究家である私がその名前を見たのは、「千利休七哲」、いわゆる利休の弟子の七人衆の筆頭として挙げられていたのが初めであった。蒲生氏郷が残した足跡で顕著なものとしては、「少庵召出し状」（表千家蔵）に大きく寄与したことである。

利休切腹後、千家は御取り潰しとなり、千少庵（利休の娘婿）は蒲生氏郷を頼って会津《あいづ》若松《わかまつ》に流寓して氏郷の手厚い保護を受けた。さらに氏郷が太閤秀吉から赦免を得ようと、徳川家康と図って奔走し、有名な「少庵召出し状」となって結実した。そこには家康と氏郷両名の署名・花押があり、かくして千家は少庵の手によって再興された。

蒲生氏郷は近江国蒲生郡日野の城主・蒲生賢秀の嫡子で、信長の許に質子《ちし》に出されてその器量を認められ、永禄十二年（一五六九）岐阜城で元服。後、信長の娘・冬姫《ふゆひめ》と結婚する。「本能寺の変」勃発前に父賢秀ともども、木村次郎左衛門《きむらじろうざえもん》等と安土城・二の丸御留守居番を務めていた。

事変後、光秀軍来攻の報《しら》せで賢秀は、信長の妻室や姫君、御上臈衆《ごじょうろうしゅう》を近江の日野城に迎え入れたが、ここで上臈の一部から「明智軍にみすみす城を明け渡すよりは上様の金銀財宝を運び出して、城に火を放っては」という要請が出た。

これに対して、「いやいや、上様が丹誠をこめて築かれたこの名城を自分の一存で焼き払うことはあたわず、かつ御天主の金銀財宝や御名物道具を乱取りしていくのも、いかにも物欲しげで世間の謗《そし》りを招くは必定」と主張して、そのまま木村次郎左衛門に城を託して退去したといわれている。

光秀の再三の誘降にも応じず、前述の『兼見卿記』でも、

六月七日

「別本」蒲生未罷出云々（蒲生賢秀は未だ降らず）

「正本」日野蒲生一人、未出頭云（日野の蒲生だけがまだ降らず）

と吉田兼見が記しているのだが、主殺しの明智光秀に到底与同せず、という固い意志の表われであると兼見は強調していたのだ。

やがて「山崎の合戦」も秀吉の大勝利するところとなり、さらに清洲会議も巧みに演出して、いよいよ、羽柴秀吉対柴田勝家の抗争も鮮烈化しつつあった。

織田家家臣間ではいずれに与《くみ》するか、その旗幟《きし》を鮮明にするにあたり、織田信孝や柴田勝家によしみがある蒲生賢秀は柴田方への与同を城中詮議の席で宣言する。しかし、一人氏郷のみが異を唱え、羽柴秀吉の器量とその将来性を切々《せつせつ》と説き、父賢秀のみならず居並ぶ家中一門衆にも秀吉方に与同する利を説得したとある。この時すでに氏郷は、秀吉に完全に籠絡されていたことになる。

さて再度「安土城炎上」の実行犯に戻ると、明智秀満はもとより論外であり、通説上の織田信雄でもないという消去法で考えるならば、実行犯はこの蒲生氏郷しか存在しない。端的に言って、織田信長による日野四万石の氏郷が、秀吉の天下でなぜ破格の九十二万石までに出世したのであろうか。あの小早川隆景ですら六十二万石に過ぎないのだ。秀吉の実弟・秀長の百万石、丹羽長秀の百四十万石に次ぐ九十二万石という破格な大身は、そんじょそこらの働きでは成り得ないものである。さらに氏郷は、四十歳という若さで亡くなっているが、それは公然と「毒殺」と囁《ささや》かれている。

会津若松の在だった蒲生氏郷としては、徳川家康と伊達政宗《だてまさむね》の御目付け役として、せいぜい三十万石あたりが妥当な石高である。プラス六十二万石の根拠は、一体どこにあったのか……。

●本能寺を襲った軍団の正体

この章の最後に、本能寺を急襲した謎の擬装集団について論及したい。

この実行隊の実体は、秀吉の正室ねねの伯父である杉原家次《すぎはらいえつぐ》を隊長として、羽柴秀長・蜂須賀正勝・川並衆から選りすぐった精鋭部隊・計二千有余の、ほぼ身内で固めた特殊軍団である。さらに、細川藤孝・蒲生氏郷等の地元誘導班の数百名であったであろうか。

天正十年（一五八二）六月二日未明、羽柴秀吉家臣の杉原家次を隊長とした明智軍を謀る特殊擬装軍が京都・四条坊門西洞院の本能寺で宿泊中の織田信長を急襲し、わずか四〜五十分で信長の弑逆を完了。その遺骸を収容し、『御成御殿』に火を放った（別働隊も、本能寺至近の妙覚寺から二条御所に逃げ込んだ織田信忠を弑逆して、これまた遺骸を収容した)。

また〈……焼き瓦は全体の半分程度。寺は半焼程度だった可能性が高い〉(「京都新聞」)という状況下にあった無防備な本能寺を急襲し、信長父子を弑逆するために一万三千の兵など要らず、本能寺・二条御所共々わずか二千有余の特殊部隊で事が足りるはずである。しかも宿直《とのい》の護衛(約五十二名)を悉《ことごと》く斬り伏せて信長の遺骸を運び出し、『御成御殿』に火を放って引き揚げるのも、二〇一一年、米海軍特殊部隊によってわずか四十分で完了した「ウサマ・ビン・ラディン襲撃・射殺・遺骸収容事件」と同様に、わずか四〜五十分程度で充分可能だったはずである。

かくして本能寺襲撃が計画どおりに成就すると、擬装軍団の一部は杉原家次とともに高松へ戻り、あとの一部は氏郷に誘導されて近江・日野城に引き揚げた。

その目的は「山崎の合戦」後の速やかな安土城炎上と、それ以前の明智軍来攻に備えての蒲生軍応援隊、または織田信雄の安土城入城を牽制・阻止するための、これまた応援隊になることだった。

この時点で安土城周辺には、日野城の蒲生父子軍と伊勢の織田信雄軍、かつ交通の要衝である勢多大橋を守る勢多城主・山岡景隆軍のみだったのだ。そして事変を知るや織田信雄は、急遽伊勢から兵を率いて、亀山から鈴鹿峠を進んで近江土山《つちやま》に布陣していた（氏郷の日野は目と鼻の先だった）。

もしも勢多大橋が山岡軍によって焼き落とされず、光秀が坂本勢約三千を率いて事変当日に安土城に入っていたら、どうなっていたであろうか。

安土城には信長の妻室を含む一族がおり、光秀が事変の顛末を事細かに語り、かつ伊勢にいる織田信雄も呼び寄せて今後の織田家立て直しの政策を図ったことであろう。だからこそ秀吉はそのためにも勢多城主・山岡景隆に指示して勢多大橋を焼き落とさせたのだ。また織田信雄に対しても、中川清秀宛書状（「梅林寺文書」）と同様の書状を発信して、

・上様（信長）・殿様（信忠）は御無事で退去されておられるし、
・この事変は、まさしく明智光秀による叛乱であり、
・やがて上様・殿様が軍容を整えて光秀を成敗されるであろうから、暫時静観されたい。

などと書き送っていたはずである。何よりも、織田信雄が安土城に入って事を構えることを徹底阻止したかったのだ。

計画どおりに山崎で明智光秀討伐に成功すると、蒲生氏郷と応援隊は速やかに安土城を炎上させる。巧みに足止めされていた織田信雄は、牽制を解かれて周章狼狽の態で安土城に駆けつけるが、その時すでに父の築いた華麗な美城は灰燼に帰していたのだ。

かくして、織田信雄による「安土城炎上」というシナリオも見事に達成されたことになったのである。なお、ここで突然出てきた「本能寺の変」の実行隊長・杉原家次がいかなる人物であるか、そして、彼が実行隊長である根拠については、次章で改めて考察する。

第六章

「明智光秀・御霊《ごりよう》神社」の謎

●「御霊神社」とは何か

本章では、前章の最後で宿題となっていた「本能寺の変・実行隊長」が杉原家次である根拠について論じたい。

その際に、まず考えたいのは「御霊神社《ごりょう》」について、である。

「御霊神社」とは、いかなる性格のものであるか。

『広辞苑』で見ると、

〈京都市上京区にある元府社。早良《さわら》親王らの八所御霊《はっしょ》を祀る。同名の社は全国に多く、いずれも遺恨の死を遂げた人々の御霊を祀る〉

とある。

そこで早速京都に足を運んだところ、上京区の「御霊神社」だけではなく、京都御所に前後して中京区にも「下《しも》御霊神社」がある。

「上御霊神社」の祭神は、崇道《すどう》天皇、井上《いのえの》大皇后、他戸《おさべ》親王、藤原大夫人、橘《たちばなのたいぶ》大夫、文《ぶんの》大夫《たいぶ》、火雷神《からい》、吉備《きびの》大臣の八柱。

「下御霊神社」の祭神は、吉備聖霊《しょうりょう》、崇道天皇、伊予《いよ》親王、藤原大夫人、藤《とう》大夫、橘《きつ》大夫、文大夫、火雷《からいの》天神の八柱。

それぞれ、「八所御霊」、すなわち「本殿八座」として、

〈本殿祭神は、何れも国家の為に御尽しになった方々でありますが、事に座して冤罪を御受けになり遂に薨逝《こうせい》せられたのであります。しかるに朝廷においては、後に至って之を念わせられ、或は位階を御追贈になり、更に清和天皇貞観五年（八六三）には、勅して大に御霊会《ごりょうえ》を行わしめられました〉

とある（崇道天皇とは、早良親王の追尊）。

史実の伝承を想い起こすまでもなく、いらざる讒言《ざんげん》で冤罪を蒙り、都から遠い異郷の地・太宰府《だざいふ》で没したあの「菅原道真《すがわらのみちざね》」のことが想起される。

藤原時平《ときひら》をはじめとする当該者たちは、当時の凄《すさ》まじい天変地異を菅原道真の祟《たた》りと直感し、慌てふためいて「天満宮」を建てて道真の「怨霊鎮《おんりょうしず》め」とした。

つまり、人を無実の罪に陥《おとしい》れた当該者たちは、それが偶然の事象であれ、天変地異を感じるにつけ、その者の「呻吟《しんぎん》」「怨念」「祟り」と直感して懼れて来たのだ。

●なぜ「明智神社」という名前ではないのか

ところで、福知山市にも明智光秀を祀る「御霊神社」が存在する。

これは、いかなる意味合いを持つことになるのだろうか。

「通説」によれば、明智光秀は自らの意思で「本能寺の変」を遂行したことになるのだから、その結果が武運つたなく敗れたとしても、それはいわゆる「自業自得」「因果応報」であったわけで、この世に光秀の「遺恨」が残るはずはないのだ。

ところが厳然として、光秀を祀る「御霊神社」が福知山市西中ノ町《にしなかのちょう》に現存している。

天正七年（一五七九）に丹波を平定した明智光秀は、「永々丹波に在国候て、粉骨の度々の高名、名誉も比類なき」と信長から表彰された。

爾来《じらい》丹波地方を治め、丹波・横山《よこやま》城を福智山城と改め、古い中世の街並みから新しい城下町に整え、「楽市・楽座」を施行し、地子《じし》（税）も免除している。また堤防なども整備して由良《ゆら》川の流路を変える治水対策にも力を注ぎ、善政を布《し》いた（江戸時代に福智山から福知山となる）。

ところが、光秀没後百有余年を経ても福知山の人々が光秀の遺徳の顕彰を怠ったため、光秀の霊が怒って祟りをなしたのか、宝永二年（一七〇五）を前後して天変地異が相次いで起こり、その霊の鎮魂のために「御霊神社」を建てたといわれている。

『明智光秀公顕彰会』（大津市・西教寺）の「明智光秀公関係資料一覧」にもこの「福知山御霊神社」の記載があり、

〈毎年八月なかば、御霊神社では盆踊りが行われ、この時、「明智光秀丹波をひろめ、ひろめ丹波の福知山」で始まる「福知山音頭」が唄われる。この神社は保食神《うけもちのかみ》を祭神とし、「常照寺」（現・福知山市菱屋《ひしや》）の境内の祠堂にまつられていた光秀公の霊を合祀、元文二年（一七三七）には御霊会を営むことを藩主・朽木《くつき》氏から許可された。地元では「ごりょうさん」と呼ばれ親しまれている〉

とあるのだが、これはいささか不可解なことといわざるを得ない。

たとえば越前・福井市足羽川《あすわ》（旧・北の庄）畔にある「柴田神社」（柴田勝家を祀る）、忠臣蔵の「大石《おおいし》神社」（京都山科・大石内蔵助《くらのすけ》を祀る）を倣うまでもなく、福知山市の人々が明智光秀の遺徳を顕彰するのであれば、当然「明智神社」であって然るべきである。

ところがこれをわざわざ「御霊神社」にしたということは、明智光秀も菅原道真同様に、何者かによって冤罪に陥れられ、死んでも死にきれないほどの凄まじい遺恨をこの世に残して死んだということになる。

つまり、その怨霊鎮めのための社《やしろ》としての「明智光秀・御霊神社」という論理にならざるを得ない。

なお、「明智神社」も存在するが、一乗谷《いちじょうだに》の朝倉義景に仕官した時の屋敷跡と称される、福井市東大味《ひがしおおみ》にあるきわめて小規模な祠《ほこら》に祀られている。

●光秀を祀る神社は、「本能寺の変」実行犯の領地にあった

「御霊神社」の考え方からするならば、羽柴秀吉こそが発願人として最たる者ではないだろうか。あらぬ冤罪で呻吟していた明智光秀の御霊は、秀吉に大いなる祟りをなすであろうからだ。もっとも、その後の秀吉の栄華が一代限りで虚しく崩れ去ったということは、光秀の祟りの為せる業だったともいえなくもない。

または「光秀冤罪説」を奉じ、同じ桔梗の家紋を戴く私こそが、この「御霊神社」の発

願人に相応《ふさわ》しいのかもしれない。

しかし京都、または大津・坂本辺りではなく、なぜここ福知山市に光秀の御霊神社が存在するのか。

その要因は、前章で出てきた杉原家次、すなわち「本能寺の変」の実行犯にありそうなのだ。

「本能寺の変」新解釈の嚆矢《こうし》となった八切止夫氏の主著、『信長殺し、光秀ではない』の文中に、

〈それと、もう一つ、現行の歴史では、『丹波福知山三万石』は、山崎合戦で光秀が敗退したあと、秀吉が占領し、これを『己の家老にして妻ねねの親類である杉原氏の領地にした』ということになっている。通説である。ところが、福知山御霊神社宝物殿に蔵されてある櫃《ひつ》の中の虫くいだらけの『椙原《すぎはら》系図』によると、とんでもない話だが、ここは本能寺の変の二年前から、『天正八年拝領する福知山城、杉原七郎左衛門《しちろうざえもん》家次』となっている。

この七郎左家次は、織田信秀のころから仕えた御槍奉行の杉原十郎兵衛尉家利の跡目である。天正七年八月にここを占領した明智秀満が、築城に天正九年までかかったかどうかは判らないが、信長から七郎左が朱印状で貰っているのは、天正八年である。丹波という

と、みな明智の所領と勘違いするから誤解を招くが、少なくとも天正十年初めから、杉原七郎左という、秀吉の親類のものだ〉としきりに主張するのだが、私としては一向に腑に落ちないというか、永く不審に思っていたことなのである。

天正八年（一五八〇）から、杉原家次が福知山城主として在任していたとはどう考えても無理である。

そもそも、明智秀満が城代として在任していたわけだし、天正九年（一五八一）の津田宗及の『天王寺屋他會記』にも、

「四月十日朝、福地（知）山にて明智弥平次《やへいじ》（秀満）殿之振舞、七五三の膳也、（光秀や宗及を招いての茶会）

四月十一日朝、従福地山罷出候也、惟任（光秀）御供申候、路次にて榀寿院振舞」

とあって、紛れもなく光秀・秀満ともども福知山城に在り、かつその翌日にはよく「光秀茶会」として引用されるが、長岡与一郎（細川忠興）振舞の茶会に、光秀・秀満打ち連

れだって福知山城から天橋立《あまのはしだて》に遊ぶのだ。

ちなみにこの茶会は、光秀・秀満・光慶《みつよし》（嫡子）のほか、津田宗及・山上宗二・里村紹巴・細川藤孝らが出席する豪華なイベントであった。

●「椙原系図」にはっきりと残されていた、矛盾だらけの記述

私としては、杉原家次が天正八年からこの地を治めていると記している虫くいだらけの「椙原系図」をどうあってもこの目で確かめてみるしかないと考え、たまたま平成十八年（二〇〇六）六月十四日、大津市・西教寺での「光秀公遠忌《おんき》」に同席した、御霊神社・岡部一稔宮司さんから拝覧の承諾を得て、翌十五日、福知山に向かったのである。

もうすでに、社務所の大机の上には貴重な文献が載っていた。私は挨拶《あいさつ》もそこそこに、まず件《くだん》の「椙原系図」を喰い入るように見つめた。

その木箱には、「天正八年丹波国天田《あまた》郡福知山城地三万石大守椙原七郎左衛門尉《じょう》平家次侯御家譜」とあり、続いて本件の「家譜」、すなわち平姓を賜った椙原（杉原）家の来歴が縷々《るる》と記されていた。そして八切止夫氏のいう、「十郎兵衛尉織田氏属　家利」の次に、

同七郎左エ門尉《じょう》　天正八年福知山城地三万石

家　次

天正十二年九月九日城中病　卒《やまいそつす》　五十四歳

法名心光院殿養室乗安大居士

奥ノ部《べ》村医王山長安寺葬

同寺大五輪石碑有之《これあり》

為遺物手鑓馬具一式野　幷《ならびに》　当前懸《まえかけ》

廻《めぐ》りる小五輪四ッ在々《ありあり》是ハ志刃死《じじんし》

墓之外田高七万石三斗之黒印有之

とある。

この後で、家次の菩提寺である長安寺に行ってわかったのだが、傍線の項は、家次の城中病卒（病死・毒殺・自刃？）の後を追って四人の家老が殉死しており、家次の大五輪墓塔の片隅に小五輪墓塔が並んで建っている（左ページ写真参照）。

杉原家次の墓（長安寺）

ここからも、家次怪死の謎が一層深まって来る次第だ。

さて外箱といい、「椙原系図」といい、紛れもなくこの家次は、天正八年の時点で福知山城地三万石の太守だったことになる。

しかし、これは甚《はなは》だ訝《いぶか》しいこととといわざるを得ないのだ。

上記のとおり、当時は明智秀満が城代として在任していたことが明らかである。

また、当の家次にしても、天正十年（一五八二）の「本能寺の変」までは、人使いが荒い甥の秀吉の下で各地を転戦していた。「本能寺の変」でも、この甥から汚れ役を仰せつかって暗躍し、なおかつ休む間もなく高松城主・清水宗治切腹の検視役を務めたり、高松城受取り役も任されたり、まさに八面六臂《はちめんろっぴ》の働きをさせられていたわけで、到底福知山城に足を踏み入れる余地などまったくなかったはずである。実際に足を踏み入れるのは、天正十一年（一五八三）十一月に入ってからのことである。

それなのに、どうして「（杉原）七郎左エ門家次・天正八年福知山城地三万石」となったのだろうか。

問題の「椙原系図」は、「御霊神社」になんらかの祈願とともに、杉原家の誰かが後年奉納した物である。神に誓って嘘偽りを記載することは当然ないはずだし、また記述できるものではなかった。

この時代は、神は畏敬の念をもって仰ぎ見るものであり、誓願を奉じても、もし嘘偽りがあって違約した場合、神罰がたちどころに下されると固く信じられていた。

「椙原系図」をあえてこのような（私としては明らかに誤った）記述で奉納する裏には、光秀の「怨念鎮め」をひたすらに御祈願する懼れが、後年の杉原家にあったのではないだろうかと考える。こんな深い謎解きに挑戦していきながら、同時に秀吉の恐るべき陰謀も炙《あぶ》りだしてみたい。

●あえて間違いを「系図」に記して奉納した目的とは？

私は現・福知山城「郷土資料館」の川元達男《かわもとたつお》氏を煩わせて『福知山市史』『新編・福知山城の歴史』他、諸史料の送付を願った。その諸史料をつぶさに検証していくと、

・天正八年二月十三日に光秀は、天田郡・天寧寺に判物の発給（「天寧寺文書」）

・天正九年十月十八日に秀満も、同じく天寧寺に判物の発給（「天寧寺文書」）

・福知山城の石組に、光秀在任の時期に積まれた天守台の一部が残っていたことが発掘調査で判明した……。

諸史料を総合すると、秀満の入城時期は『領主様歴代記』により天正九年四月頃となる。同記には「留守居」とあるので、城代として「本能寺の変」の天正十年六月まで在城していたことになるのだ。

光秀は天正七年十月、丹波平定を信長に報告した後も近江の坂本城を本拠としていたのだが、各城に城代（留守居）を置いて遠隔経営をしていた。福知山城は秀満を入れるまで

は諸制度・治水対策等にいたるまで力を注いでいたようだ。

かくして天正十年六月までは、杉原家次が城主として福知山城に関わった形跡は微塵もなかったことになるのだ。

つまり「椙原系図」の記述は、何かの目的のためにでっち上げられた記述ではなかったかと思われるのである。

●その男は、秀吉からもらった茶碗をなぜたたき壊したのか？

問題の杉原家次だが、氏素性のさっぱりわからない羽柴秀吉に比べ、「桓武《かんむ》天皇」の流れを汲む「賜平姓椙原氏家譜略」というれっきとした系譜を持ち、秀吉の正室である於弥《おね》の伯父でもある（但しこの「椙原系図」は創作で、詳細は後述したい）。
『祖父物語』によれば、
〈秀吉が織田家に仕え、七千石の時家来に困った秀吉が、家次を家老役として召抱え、『秀吉が出世するたびに、その石高の十分の一を家次に与える』と約束した〉
という「秀吉御身内衆《おみうち》」だったのだ。

　そして播州三木城攻めの功を賞されたり、御身内衆として重宝され、この一連の本能寺襲撃関係でも奮戦したのだが、いささかの変事が出来した。
『斎藤伊兵衛家文書』によると、
〈大坂城普請のことを御舎弟羽柴美濃守様へ仰せ付けられたが、あまりはかどらなかったので、太閤様の御機嫌がよくなかった。その節、七郎左衛門様が見かねて御引取りになり、夜を日に継いで御精出しになったから、普請が早く出来上がった。太閤様の御機嫌も大変よいと聞いているので、さぞ相当の恩賞が与えられることと思っておられたところが、御舎弟美濃守様が大和の国をもらわれたのに対して、七郎左衛門様へは名物の御茶碗と御刀を下されただけであった。思わくに相違した七郎左衛門様は、右拝領の品々を石に打ちつけてことごとく壊してしまわれた。
　その上この不足を太閤様に申し上げようと急ぎ御登城になったのだが、居合わせた人々が手足にとりついておし留めた。ところがこの様子をお聞きになった太閤様は、七郎左衛門は気が狂《ふ》れたかと仰せられ、医師道三を坂本へ遣わし、養生せよとの上意をつたえられた。しかしはかばかしいききめもないまま、その後福知山へ知行を移された。引きつづいて種々の療治をせられたけれども、御本復もなく、ついに城内で自害された。御年五十四

歳であった〉（傍点引用者）

と書かれている。この件が原因か、天正十一年十一月二日の『多聞院日記』によると、

「坂本の城に居る杉原は筑州無並仁也、近日以之外に狂云々」

とあり、家次が狂するという風聞が拡がっていたこととなる。

すなわち、秀吉と家次の密なる関係の破局である。

それは単に大坂城普請に関わる問題ではなく、「本能寺襲撃」という汚れ役を秀長（美濃守）ともども加担した御身内衆なのに、片や大和一国の恩賞、しかるに自分は「名物茶碗と貞宗作の脇差一振り」だけでは到底納得がゆかず、そこで恩賞の品々を打ち壊して抗議したのである。

やがて秀吉から気が狂れたとされ、その治療のため秀吉の典医・曲直瀬道三が遣わされ、上薬《じょうやく》を盛られて徐々に病が重くなり、やがては狂い死にとなったのであろう。

●家老殉死の裏にも恐るべき真相が

ところで、家次の四人の家老が殉死している。家次の菩提寺で福知山市奥野部《おくのべ》にある古

刹・長安寺を訪れると、「福知山市重要文化財」に指定された閃緑岩《せんりょくがん》で造られた高さ約五メートルもある家次の五輪塔墓石があり、その傍らに殉死したという四人の家老たちの、約一メートル余の小五輪塔墓石が主君に寄り添うように四基並んで建てられている。

だがこの四人の忠臣たちには甚だ申し訳ない次第だが、果たして額面どおりの殉死であったのであろうか。いや、この時代の、こんな状況下での殉死などは到底考えられないことだ。

むしろこの四人は、秀吉の命令で詰腹を切らされたのではないだろうか。もしくは主家の不始末の責任を問われての打ち首だったかもしれない。

いずれにせよ、「本能寺の変」の真相という重要機密を知り過ぎた者たちへの、秀吉の粛清に他ならなかったのである。

この四人の家老たちの姓名が知りたくて、同寺・正木義昭住職を訪ねたのだが不在で、後日、『福知山市史』から家次に関するコピーと、「今、解るのはこれぐらいで、長安寺には位牌も過去帳も当時のものは焼失もあり残っておりません」との連絡をいただき、やむをえず再度調査をやり直してやっと五人の家老たちの名前が判明した。

すなわち、松井惣左衛門、松井源左衛門、田中与右衛門、高橋弥次左衛門、青山彦左衛門であるが、最後の青山彦左衛門は、改易になった家次の遺子・お万（後の長房《ながふさ》）の守り役として時節の到来を待つわけで、残余の四家老が殉死した、いや、殉死させられた当人たちと思われる。

以上で「福知山御霊神社」創建以前の福知山城を巡る、明智光秀・秀満、及び杉原家次に関する経緯の概略がおわかりいただけたと思うが、この「（杉原）七郎左エ門家次・天正八年福知山城地三万石」は未だ謎に包まれているわけで、系図に掲出の遺児たちからも、この謎を解く手立てを検証していきたい。

さて杉原家次の遺子で第二代杉原長房だが、「椙原系図」には、

家督

同従五位下伯耆守但馬国豊岡城地三万石

長　房

后《のち》豊後国杵築《きねつき》又播磨国三木

寛永六年三月四日卒　五十六歳　（一六二九年）

室浅野弾正大弼《だいゆう》長政女《むすめ》

とあるのだが、とにかく父・家次の愚行で杉原家は改易され、路頭に迷わんばかりの遺子・お万（後の長房）に、守り役の元家老・青山彦左衛門が主家再興のために奔走し、一番頼りになる身内の政所《まんどころ》（秀吉の正室・於弥《おね》）にも泣きつくが埒《らち》が明かなかった。ある時この主従は太閤殿下を道端で待ち受けて、お目通りを願ったが打擲《ちょうちゃく》を受け、以後目通りを禁じられ、お万が十二、三歳の時、やっと政所の取りなしで秀吉の勘気も解け、兵庫に千石の堪忍領を賜り、伯耆守長房を名乗ることになる。やがて浅野弾正長政の娘婿になって伊勢国に七千石を賜り御近習を仰せつかるも、その秀吉が薨じ、「関ヶ原の戦い」に際しては西軍に応じて丹後国・田辺城に細川幽斎《ゆうさい》（藤孝）を囲んだが、元来徳川家康に通じていたということで本領は安堵され、また「大坂夏の陣」でも功を立てる。しかも外舅《がいきゅう》・浅野弾正長政の遺領の一部を分与され、都合二万六千石を領し、秀吉から家康に仕え、杉原家の再興がなるかに見えたのであるが、どうやら三代重長《しげなが》、四代重光《しげみつ》（重玄《しげはる》ともいわれる）で杉原家の家運も衰退の一途を辿るのだ。まず「椙原系図」にある両人を記してみると、

女　竹中《たけなか》左京亮重常嫁《にかす》
同従五位下伯耆守播磨国三木城地三万石
　重　長
　　初名吉兵衛　　　正保《しようほう》九年十月三日卒　（　？　）
　　　☆
相原帯刀　　重　光　　十七歳　承応《じようおう》二年十月四日卒　（一六五三年）
養子家督　　二万八千石
　　　實《じつは》竹中左京亮重常　男《のむすこ》

と記載されているのだが、三代重長、四代重光となると個々の来歴も詳《つまび》らかには伝わらない。幸いにも兵庫県豊岡市立図書館の山口久喜氏から送付願った史料で読み解きができそうで、また時代も寛永・慶安とわたり、まさに徳川家光《いえみつ》の世代となるのである（家光は、慶安四年に薨去）。

さてこの両人を検証していく過程で、次なる二点がクローズアップされてきたのだ。

①　三代重長における卒去年の偽りと、両人の忌日に隠されたからくりがあり、

②　謎の女人が浮上してきたのである（卒去＝正式にはシュッキョ。従四位、五位の人の死去）。

まず①から検証していくと、三代重長には嗣子が無く、杉原家は改易の憂き目を見るのであるが、養子の四代重光によって再興される。しかし養子であるがために二万八千石に減封され、かつ十七歳で早世するためにここで杉原家は断絶してしまうのである。

またさらに愕《おどろ》くべき事項として、この系図にある卒去年である「正保九年」は暦の上では存在しないのである。つまりこの正保は四年で終わっており、その後「慶安」、「承応」と続くのであるが、この慶安も四年で終わっており、「正保九年」に系図の制作者が執拗にこだわるのであれば、それを暦年順に直すと何と慶安を飛び越して、一六五二年の「承応元年」に当たることになるのである。そこで三代重長の本当の卒去年を、四代重光の卒去年と重ね合わせてみると、

三代重長　　承応元年十月三日卒　　（一六五二年）

四代重光　　承応二年十月四日卒　　（一六五三年）

となり、何と愕くことにこの三代重長と四代重光が、一年と一日違いで卒去（死去）し

ていることになるのだ。だから恐らくこれは「光秀の祟り」をまざまざと直感した杉原家の何人《なにびと》かが、この懼れるべき巡り合わせを故意に伏せるために、重長の卒去年を本来の「承応元年」とはせず「正保九年」と創年したのではないだろうか。またこの重長の享年も伏せており、疑惑はさらに深まるのであるが、詳細は後述するとして二十九歳卒である。

またさらなる愕くべき事実として、後々の「御霊神社」の例大祭がなぜか「十月二日」になるのだが、「重長・十月三日」、「重光・十月四日」と両人の忌日が例大祭と不思議と連なるのである。これはもう「例大祭に両人の忌日を追祭祀する」としか考えられないのであって、決して偶発的なものでは到底あり得ないのだ（もっとも昨今の神社・仏閣と同様に「御霊神社」のこの例大祭も現在では、十月の第一土曜日・第一日曜日に変更されている）。

一方、『姓氏家系大辞典』＝「杉原（椙原）氏系譜」では、この重長の没年が「正保元年十月三日卒」となっており、また前述の豊岡市立図書館の『杉原氏相続の覚え』なる古文書には、〈長房は五十六歳で死去。その子重長は十四歳で家督を継ぎ……また二十九歳で死去。甥の重玄（重光）を養子にするが、このとき所領は一万石になっており、しかも重玄は十七歳で早世。ここで杉原家は断絶した……〉と見えるのである。つまりこの三代重長の「二十九歳卒」は『姓氏家系大辞典』のまさに承応元年となるのである。それでは一体何人が、如何なる事由で有りもしない正保九年を創年したのだろうか。さらにまた卒去年を延長したのであろうか……。

（三代重長の室・小出伊勢守吉親の娘は死別。後室は織田出雲守高長の娘で、子女は娘一人で、何と四代重光の室となるのだ。

四代重光（相原帯刀）は、重長の死去により杉原領は一旦没収されるが、二代長房による大坂夏の陣での功績を配慮したとして、養子・重光が一万石を賜り杉原家を存続することとなったのである。この重光は、先代・重長の妹が竹中越中守重常（秀吉の軍監・竹中半兵衛《はんべえ》重治《しげはる》の孫）に嫁ぎ、その三男として寛永十四年に生まれ相続時は九歳。生来の病弱で承応二年十月四日、十七歳で卒、再び杉原家は除封され断絶したのである）

さて次なる②の項になるのだが……四代重光の系図の最終項にご注目いただきたい。「實《じつ》は竹中左京亮重常の子息である」と記載されているのだが、前述のごとく系譜のなかに二代長房の娘がいて、「女　竹中左京亮重常嫁《にかす》」という記載もあり、またさらにこの四代重光はこの女人の子息であって、二代長房の孫にあたるわけなのである。

そこで徳川幕府も格別の取り計らいをしたのであろうが……憐れ重光は十七歳で早世してしまい、杉原家はついに御家断絶してしまったのである。

そこでこの竹中左京亮重常に嫁いだ女人（重長の妹にして重光の母）や、娘を重光に嫁がせた重長の後室辺りが中心となって、初代・家次に起因する明智光秀公の「怨霊」が激しい祟りとなって、本来無実なはずの三代重長と四代重光の上にも襲いかかり……はたまた改易・断絶を繰り返し、かつ重長・重光共々短命に終わらせたのだと直感して慄《おのの》き、また家次自身が関わった「本能寺襲撃」の重要機密と、その奇怪な死に様を聞くにつけ、ここにも光秀公の怨霊の烈しい祟りが深く根付いていることに懼れ慄き……とにもかくにも光秀公の怨霊鎮めのための「御霊神社」勧請の必然性が起こって来たのであろう。また「御霊神社」創建の時代的推移を勘案しても不思議とその辻褄が合って来るのである。

●光秀の祟りが「御霊神社」を創建させた

「御霊神社」の御由緒、すなわち社記によれば、

〈古昔《いにしえ》榎木の下に祠有り、宇賀《うがの》御霊神を祭る、かの祠に光秀公の神を合併す〉

とある。この記述が意味するところを、順に説明しよう。

まず、福知山の紺屋町に「稲荷社」があって、そこへ「宇賀御霊神」を祀っていたのだが、一方、菱屋町には「常照寺」（日蓮宗）があって、この寺に明智光秀の有名な「長存院殿丹江太主兼日州刺史明窓玄智日光大居士」なる位牌があり、同寺の日峰上人が光秀の「御霊」を祀っていた（『明智軍記』で光秀が切腹に際して、鎧の引合いから取り出して溝尾《みぞおしよう》庄兵衛《べえ》に与えた有名な遺偈《ゆいげ》［辞世］に、「明窓玄智禅定門」とあるが、恐らくこの常照寺の位牌に由来したものと考えられる）。

時は過ぎて承応二年（一六五三）前後。杉原家三代重長と四代重光が度重なる病魔に冒されるにつけ、これも光秀公の祟りと信じ、くだんの女人たち（重光の母や、重光に娘を嫁がせた重長の妻室）が度々常照寺を参詣し、重長・重光の病平癒の祈願ともども、明智光秀の「怨霊鎮め」の祈禱もしていたことであろう。

ところがその祈禱の甲斐もなく承応元年（一六五二）・二年と相次いで重長・重光が病死してしまう。女人たちはことさら光秀の祟りを痛感したのではないだろうか。もとより、杉原家初代・家次の横死に伴う重要機密が、杉原家では代々伝承されていたはずで、常照寺の日峰上人も、本格的に光秀の怨霊鎮めのために「御霊神社」の創建を思い立っていた。

しかし、世間的に謀叛人とされている明智光秀の「御霊神社」を表だって創建するわけにはいかず、たまたま敬神崇祖の篤い福知山城主・松平忠房《ただふさ》に日峰上人が願い出て赦しを得、藩主の寺社保護政策の一環に乗じて、紺屋町の「宇賀御霊社（稲荷社）」を勧請して、常照寺内の「明智霊社」と合祀させたのだ。

前述の「御霊神社」の「社記」にも、「承応二年、小宮《こみや》を建立し、光秀公の御文《おふみ》を納める」とあるので、まさに重光が病死したこの時点で、くだんの「榲原系図」も併せて奉納されたと思う所以《ゆえん》である。

ここで、奉納された「榲原系図」の中に記載されているあの問題の個所、「（杉原）七郎左エ門家次・天正八年福知山城地三万石」に再度ご注目いただきたい。

光秀統治下での福知山城主としての家次三万石は到底ありえないことなのに、あえて系図に記載して奉納するということは、いかに架空の事象としても、形而上的には光秀の前に平伏《ひれふ》して、かつ光秀の足下に擦り寄って赦しを請う以外の何物でもないのだ。

●偽りの記述を、あえて奉納した女たちの狙い

すなわち、かの女人たちが常照寺を参詣して行なった誓願とは、以下のようなものだったと考えられる。

当家初代杉原家次は、羽柴秀吉より本能寺で信長様を襲撃し、弑逆するよう命じられ実行しましたが、それにより光秀公はあらぬ冤罪を蒙られ、「山崎の合戦」でお労《いたわ》しくもお果てになられました。今し思えば慙愧《ざんき》の念に堪えません。そして光秀公の冤罪ゆえの呻吟、怨念の苦しみを私どもは衷心より痛切に感じ入っております。また当該者の杉原家次はご存知のごとく光秀公の祟りを一身に受けて、あのように狂い死にいたしましたし、さらに四人の重臣たちまでもが秀吉の命を受け、追腹を切らされました。

またさらに光秀公のお怒りは元凶である豊臣家崩壊の鉄槌《てっつい》を下されて、厳しい制裁を与えられました。一方当家二代長房は、徳川家康様に味方し「関ヶ原の戦い」や「大坂夏の陣」でも微力を尽くさせていただきました。然るに私ども三代重長・四代重光は、光秀公

に何らの他意も持ちませんでしたが、未だ御怒りが解けず本年の承応二年に杉原家は、かくも惨めなお家断絶という結末を迎えてしまいました。かかる上は「遥憶菅魂之化雷」とございます菅原道真公の怨霊鎮めに倣い、この地の常照寺に措《お》きまして第二十四世・日峰上人のご先導で、紺屋町の「宇賀御霊社」と常照寺内の「明智御霊」を合祀すべく小宮を建立し、「御霊社」として勧請させていただきます。

とは申せ今は仮の「御霊社」ではございますが、行く行くは当地御領主様のお赦しと、光秀公からご恩寵を賜わりました領民一同心を合わせて、立派な「御社《おやしろ》」といたす所存ですので今暫くご辛抱のほどをお願いいたします。

また「御神体」といたしまして光秀公の「御文《おふみ》」を御納め申し、幾久しく我が杉原家で光秀公の「御霊」を御祭祀させていただきますので、光秀公のご怨恨にお鎮まりいただきたく伏してお願い奉ります。

また差し出がましくもここに当家「椙原系図」も奉納させていただきました。なかんずく、当家初代の杉原家次の項には「(杉原) 七郎左エ門家次・天正八年福知山城地三万石」という、とてつもない戯言を記載いたしましたので、また私どもは光秀公のさらなる御怒りを蒙りましょうが、何卒私どもの本意を充分にお汲み取りくださいませ。

いかにも初代家次は秀吉の命令とは申せ信長様を弑逆いたし、光秀公を冤罪に陥れ申しましたが、その家次もやがて元凶である秀吉によって狂い死にさせられました（もちろんそれは光秀公の祟りによるものでございましょうが）。

しかし考えようによっては、確かに光秀公は被害者であらせられますが、実は私どもの家次もまた被害者なのです。そこで家次を衷心より改心させまして、光秀公にご臣従させていただきとうございます。つきましては正真正銘の「天正十一年福知山城地三万石」でありました杉原家次を、光秀公のご在世の天正八年まで遡って「福知山城地三万石の城代家老」（臣下）として忠誠を尽くさせていただきたく、何卒、杉原家次への御怒り、また私ども杉原家への光秀公の御怒り、かつ祟りをお鎮めいただきとうございます。そしていつの日にか杉原家の再興を請い願い奉ります次第です。

……以上がこの「椙原系図」所載の「（杉原）七郎左エ門家次・天正八年福知山城地三万石」に対する謎解きである。

と同時に、杉原家次が紛れもなく秀吉の命による「本能寺襲撃隊」を率いる隊長だったと、私は結論せざるを得ないのだ。

●光秀は祀られる資格を有していた

さて、さらに五十二年の時を経て「御霊神社」の社記には、〈常照寺・日遥《にちよう》上人は宝永二年（一七〇五）御社を勧請〉と書かれている。常照寺・第二十六世日遥上人が先々代の日峰上人の衣鉢を継いで、『明智日向守光秀祠堂記』を著わして、「御霊神社」の創建となるのである。

だが、この『祠堂記』はきわめて難解で私の手には負えず、大津市・西教寺の塔頭・實成坊の中島眞瑞師に願って、西村冏紹管長猊下《げいか》に解読をしていただいた次第である。

原文の記述を「　」で挿入しながら、概略を記す。

光秀公が「當邑一千餘家免税賦邑受其賜」あまたの領民に免税（地子）と善政を布いたにもかかわらず、「百有餘年」にわたって領民には「誥草」恩に報いる意思がなく、「祝融」火災が次々と起こり、「志冥屢来」水害も度々起こり（城下に災害が次々と起こったので）「遥憶菅魂之化雷、因疑秀魂之所為」遥かに思い起こせば冤罪を蒙った菅原道真公の魂（菅魂）が雷と化して震撼《しんかん》せしめたごとく、頻々と起こる災害も光秀公の為せる業と思い、「是故、今歳乙酉穐、合邑戮力、構堂以尊焉」これゆえに今歳《ことし》乙酉の穐《あき》に、（光秀公の恩に報いその御霊を鎮めて災害から免れんため）領民一同が力を戮《あわ》せて堂を構え、焉《ここ》にご祭祀する。時に寶永二年乙酉の穐。

折からこの宝永二年に前後して、福知山には天変地異が相次いで起こった。福知山城もやっと類焼を免れたといった状態で、朽木家初代福知山城主・朽木種昌《たねまさ》もこの「御霊神社」の創建を赦したのである。

すなわち承応二年に杉原家の誓願があったのだが、結局は領民が光秀の恩を忘れ、怨霊が天変地異となって現われた、というカムフラージュを伴って「御霊神社」が日遥上人により創建されたのだ。

つまり承応二年、すなわち杉原家四代重光の死（前年は三代重長の死）に纏《まつ》わる杉原家御家断絶の年が「御霊神社」の第一次勧請期であり、その日峰上人の衣鉢を継いだ日遥上人が、前師と杉原家の意を体して、その五十二年後に正式の創建となったわけである。

明智光秀は羽柴秀吉によって冤罪に陥れられ、まさに死んでも死にきれないほどの凄まじい怨恨をこの世に残して死んだことになるのだから、「明智光秀・御霊神社」として祭祀される資格を有していることとなるのである。

以上が、八切止夫氏が宣《のたま》う、「福知山御霊神社」の宝物殿に蔵されている櫃の中にあった、虫くいだらけの「椙原系図」に端を発した私の結論である（蛇足ながら、この「系図」はきわめて保存状態もよく、決して虫くいだらけではなかったことも記しておきたい）。

●「御霊神社」＝「椙原系図」・補遺《ほい》

さて「御霊神社」奉蔵の「椙原系図」から、杉原家次を通して羽柴秀吉の陰謀を私なりに解明した。

とにかくこの「椙原系図」は、「賜平姓椙原氏家譜略」というタイトルで始まり、「桓武《かんむ》天皇」の流れを汲む錚々《そうそう》たる系譜が連なるのだが、実にこれは紛《まぎ》れもない「偽系図」である。

本書第二章で、「●秀吉のハングリー精神と非情さを形成した生い立ち」（85ページ）を記した。

秀吉の出自《しゅつじ》は「五色《ごしき》の賤《せん》」、いわゆる非人《ひにん》・穢多《えた》・散所《さんじょ》・河原者・奴婢《ぬひ》などの賤民《せんみん》（差別民）いずれかからの出自であったが、実はこの杉原家次も、清洲在住の差別民である「連雀商人《れんじやく》」の出自であり、秀吉の室・於弥もこの一族であったという（『河原ノ者・非人・秀吉』服部英雄著）（連雀商人＝連尺商人。麻縄などで肩の当たる所を幅広く組んで作った荷負籠を担ぎ、市《いち》が興る場所に集まり定期的に行商をした）。

また『河原巻物』（盛田嘉徳著・法政大学出版局）にも、「手柄を立てて出世する者もできることは当然で、豊臣氏の旗下《きか》にも出身が中世賤民、またはこれに近いと思われる武将も幾人もある」と書かれている。

とにかく打ち続く戦乱の折柄、賤民の匹夫《ひっぷ》でも戦場で名立たる武将の落ち首を拾って褒賞に与ったり、志願して兵士に取り立てられて、運よく出世する輩《やから》がごろごろ転がっていたのである。まして兵農分離制を創出した織田政権下では、もってこいの人材群でもあった。

ちなみに豊臣配下には、

・加藤虎之助《とらのすけ》（清正）＝中村在の差別村出身。母が仲（秀吉の母）の従妹で、安太《あのう》石工の息子だったという（だから後年は築城の名手だったのか……？）。

・福島正則《ふくしままさのり》＝同じく中村在の差別村出身。秀吉の遠縁にあたり、大工・桶屋の息子だったといわれる（彼等が子供の居ない於弥に可愛がられて、幼少の頃から近習として秀吉に仕え、やがて豊臣家の有力な武将に成長していったのである）。

・また秀秋《ひであき》（小早川秀秋）、大谷吉継《おおたによしつぐ》も同じ賤民の出自である。

とにかく杉原家次は秀吉の出自ともども、まごうことなく秀吉の「御身内衆《おみうちしゆう》」の一人であったのだ。

●「本能寺の変」の参考文献は、数十年後に書かれたものばかり

よく考えてみれば、「本能寺の変」ほど摩訶不思議なものはない。

明智光秀は、織田信長がわずかな人数で本能寺に宿泊する、偶然としか思えない機会を捉えて同寺を一万三千の兵で囲み、近隣の織田信忠ともども、主君の信長を突然襲ってこれを弑逆したという。

ところが、光秀には事変遂行に対する「理由」も見当たらず、「計画」や「準備」すらなく、かつ事変後の的確な「対応」すらなく、ましてや、いわゆる「根回し」や「裏工

作」に類することも一切見受けられないのだ。

また、この事変に関する記録として『信長公記』や『川角太閤記』など多々あるが、いずれも事変後から数十年の時間を経て発表されている。一覧すると、

『信長公記』　一六一〇年（慶長十五年）・（事変から）二十八年後
『当代記』　一六一六年（元和二年）……………三十四年後
『川角太閤記』　一六二二年（元和八年）…………四十年後
『太閤記』　一六二五年（寛永二年）……………四十三年後
『豊　鑑』　一六三一年（寛永八年）……………四十九年後
『総見記』　一六八五年（貞享二年）……………百三年後
『明智軍記』　一七〇二年（元禄十五年）………百二十年後
『細川家記』　一七八二年（天明二年）…………二百年後

しかも現存する『信長公記』は三冊で、当時は印刷技術などなくすべてが写本だから、最終的には何冊あったか、はたまた誰が読んだのかもわからない次第だ。

たとえば、「敵は本能寺にあり」で著名な江戸後期の儒学者・頼山陽《らいさんよう》も、年代的には一七八〇年生〜一八三二年没であり、京都に書斎「山紫水明処」を編んでいたから、右記の著書群の閲覧は可能だったと思われるが、はたして『多聞院日記』などは閲覧できたのだろうか。

もしも閲覧できれば、同日記で筒井順慶が六月二日、信長の命で京に上る途上で京都の変を知り、兵を返したとあるから、明智光秀も当然信長の後続軍として上洛することは百も承知のはずで、あのような人口に膾炙《かいしゃ》する名吟は書けなかったことになる。

つまり江戸時代にでき上がった右の俗書類を読んだからこそ、頼山陽もこのような一詩を吟じられたのであろう。

本能寺、濠は幾尺ぞ。吾が大事を就《な》すは今夕《こんせき》に在り。茭粽《こうそう》手に在り茭を併せ食う。四簷《しえん》の梅雨天は墨の如し。老坂《おいのさか》は西に去れば備中の道。鞭《むち》を揚げて東を指せば天猶早し。吾敵は正に本能寺に在り。敵は備中にも在り汝能《よ》く備えよ。

老ノ坂から西へ向かえば信長の命令どおり備中への道であるが、光秀はここで馬の鞭を揚げて東（京都）を指して「吾が敵は本能寺にあり！」……すなわち采配《さいはい》を京に向かって力強く打ち振る、あのテレビドラマでの極め付き定番の型《かた》となったのだ。

つまり右の俗書類の通説に基づいて頼山陽が一詩を吟じると、いつしかそれが人口に膾炙し、「敵は本能寺にあり！」となって市民権を持ち、独り歩きを始める。

それが現代では、逆に歴史認識における通説になってしまったのだ。

つまり「本能寺の変」の通説とは、「初めに光秀の謀叛ありき」に端を発し、『信長公記』に起因し、『川角太閤記』で潤色され、『明智軍記』で完成された歴史事象が、さまざまな分野にも飛び火して、たとえば歌舞伎・文楽などの『絵本太功記』や『時今也桔梗《ときはいまききょうの》旗揚《はたあげ》』などの大衆芸能にまで敷衍《ふえん》されて、江戸時代後期につくりあげられたものを、現代の作家諸氏の力作の賜物でまた引き継がれているのである。

しかも揣摩臆測から発し、光秀謀叛の事由探しや、その黒幕の存在の追究に血道をあげて脱線し、事変をますます不可解な迷路へと導いているかの感がある。しかし、落ち着いてよくよく考えれば、光秀が時間的にも経済的にも、また行動的にも到底実行し得るものではないということは、自明のことと思えるのだが。

さらに一部の史家たちは、「ビジョン欠如の三日天下」と光秀を誹《そし》るのだが、それこそが逆に光秀の冤罪性を立証するものになるのではないかと前述した。すなわち首謀者が光秀ではなかったのだから、信長父子弑逆とその後の対応に関するビジョンなどあるわけがなかったことは当然だ。

●事変直前の茶会からも明らかな、「光秀冤罪説」

しかも、天正十年正月に至るまでの信長と光秀の間には、不協和音が一切聞こえてこない、と詳述いたした。

特に、天正十年正月における「安土城参賀」と「光秀・朝茶会」を垣間見るにつけ、光秀の信長への忠誠ぶりが明らかになるのだ（前述いずれも『天王寺屋他會記』から）。

天正十年正月朔日、織田家の大名・小名・連枝の人々は安土城に宿泊して「安土城参賀」に伺候《しこう》する。「御礼銭百文ずつ各自持参せよ」と堀久太郎、長谷川竹両人が触れている。

人々は「御幸《みゆき》の間」を拝見する。そして厩口で百文ずつの礼銭を信長自身が受け取って、御後に投げられたと『信長公記』にある（筒井順慶も参賀に参席）。『天王寺屋他會記』

によれば、堺衆からも今井宗久・宗薫親子、千宗易、山上宗二、津田宗及といった錚々《そうそう》たる面々が参賀している。

そうして明智光秀、松井友閑が「御幸の間」を一番に拝観しており、しかも生きた鶴を拝領する栄誉に浴している（この時代は鶴をよく食したらしく、『利休百會記』の「織田信長御成茶会」にも「∇汁　鶴」の記載がある）。

続いて正月七日の「光秀・朝茶会」を見てみよう。

「正月七日朝、山上宗二、津田宗及を招いての光秀の朝茶会。

床には、主君信長の『御自筆』を掛け、炉には、これまた信長から拝領した有名な『八角釜』を懸け、床に、『八重櫻の大壺』を網に入れて飾っており、臺子《だいす》（台子）の上の長盆に『大海《たいかい》』と『肩衝《かたつき》』の茶入二点を共に並べてあり、臺子の下には、錫製の『駅鈴《えきれい》の蓋置』（大宝令で制度化された、各駅ごとの連絡の印）茶碗はカウライ（高麗）もので、深茶碗と平茶碗を二つ重ねて、そして宗及がお茶を点て（茶頭《さどう》をいたし）、まず光秀が一服喫している」

この茶会は坂本城でのことと思うが、何とも平穏な、ただひたすら主君信長を立ててのの茶会ぶりであり、これが半年後に「主殺し」をする光秀とは到底思われない茶趣に溢《あふ》れている。

わざわざ信長の「直筆」を掛けること自体、他の家臣には例を見ないことである。また「八角釜」も天正六年正月に信長から拝領したもので、光秀も好んで事あるごとに使っていたものだ。

年の初めの改まった茶会に、ことさら、主君信長の直筆や拝領品を自慢げにあしらう茶会の茶趣たるや、まさに信長への忠誠心の表われに外ならない。

さて続いてもう一つの茶会は、「正月二十五日朝、はかたの宗叱（島井宗室）津田宗及を招いての朝茶会」で、前述の「本能寺茶会」で詳述した。

『天王寺屋他會記』（「津田宗及會記」）は、まさに一級史料である。また、信長が光秀を信頼しているからこそ、この一連の茶会にあるような「平釜」や「八角釜」の他、「牧谿筆の椿の絵」などを拝領している。光秀も折に触れて得意げにそれらを披露した茶会を催していたのだ。

『天王寺屋他會記』における天正十年正月一日の「安土城参賀」と光秀の二つの茶会を見

てみたが、いずれも信長を立てる茶会であり、「本能寺の変」が四カ月後に迫っていながら、光秀には謀叛の意志などなさそうだ。

●「本能寺の変」直前の平穏な日々

一月の茶会後の光秀には、さしたる動きもなく、信長は信濃の国への出陣に当たって、「二月九日、惟任日向守は出陣の用意をして置くこと。このたびは遠陣（遠征）であるから、なるべく軍兵は少なく伴い、在陣中も兵糧が続くように支給することが肝要である。ただし、少ない軍勢でも多く見えるよう、一人一人が持てるかぎりの力を発揮しなければならない」旨、指令する。

その後の動きを簡単にまとめると、

・三月四日、光秀出兵。
・翌五日、信長も信濃へ出馬。光秀軍は綺麗に飾って信長に従い出陣した。
・十一日、武田勝頼の最期。
・十八日、信長は高遠《たかとお》城に在陣し、翌十九日には上諏訪の法花寺《ほうけじ》に陣を構え、各方面の十九の武将に備えを指示し、光秀も在陣する（この時のことが「上諏訪での御折檻」として喧伝されるのだ）。

五月十四日、信長より在荘（軍事休暇）を命じられる。『兼見卿記』には「今度徳川（家康）、信長為御礼安土登城云々、惟任日向（光秀）守在庄申付云々」（徳川家康が信長への御礼参上のため安土に来たので、たまたま軍事休暇中の光秀が接待を仰せ付かった）とある。

かくして歴史の流れが「本能寺の変」へと向かう。正月の茶会から事変まで、光秀には平穏な日が続いているように見えるのだが、通説の立場に立つと、どうしても明智光秀は謀叛を企てなければならないのだ。そこで作家諸氏は相も変わらず、これまでの通説にのっとり論議する。

●黒幕は別にいる……？

一方、歴史研究家・桐野作人氏は、「四国政策原因説」に起因した「斎藤利三煽動説」を主唱している。この説を唱える歴史家・作家は複数いるのだが、まず一般的な通説を確認しておこう。

当時四国では土佐《とさ》に本拠を置く長宗我部元親と、阿波《あわ》徳島に本拠を置く三好康長《みよしやすなが》（笑岩《しょうがん》）とが激しく鎬《しのぎ》を削り合っていた。天正元年頃はまだ信長は敵に囲まれており四国まで手が回らず、長宗我部氏と結んで勢力を伸ばそうとしていたのだ。

いわゆる「遠国融和、近国攻撃」（遠方と交わり、近隣を攻める）のセオリーに従って、長宗我部元親に「四国切取り次第」の朱印状を出しその取次をしたのが光秀であり、光秀に頼った元親は信長に忠誠を誓うことで安心して合戦を続け、四国全土を制覇しかねない勢いを見せていた。

天正八年六月二十六日の『信長公記』にも、

〈土佐の国を補佐させられた長宗我部土佐守（元親）から、惟任日向守の取り次ぎで、ごあいさつがわりに鷹十六羽ならびに砂糖三千斤が献上された。そこでお馬回り衆へその砂糖を下されたのであった〉（榊山潤訳）

と記載されているほど、元親は信長に恭順していたのだ。

ところが長宗我部元親によって徳島の城も奪われ逼迫した三好康長は、羽柴秀吉の甥である秀次を養子に預かっていた縁で秀吉を頼り、信長に天下に隠れもなき大名物《おおめいぶつ》の「三日月の葉茶壺」を進上し、秀吉の口添えで元親を成敗するよう懇願した。

一方信長も「天下布武」が間近になり、石山本願寺や三好氏の後顧の憂いもなくなった今、秀吉の提案を受け入れて天正九年六月、突然思いもよらない命令を元親に発令したのである。

「阿州面《おもて》の事、別して馳走専一に候」(阿波の支配は三好氏に任せるので、長宗我部氏は、三好氏を援助すること)

阿波は、長宗我部元親が自らの手で勝ち取って領土とした得難い土地だ。それを一方的に三好氏に割譲せよとは、到底承服できないことである。信長に忠誠を誓ったのも、領土を保障してもらえると思ったからこそであったのだ。

それなのに、ここに来て突然取り上げるとは。

元親が命令に従わないと見るや、信長は四国侵攻を命じた。その真の狙いは、四国全土の制覇であることは明白だった。しかもその成り行きに驚く光秀を、信長は四国担当から外してしまったのである。

このあたりから光秀は、信長の改革に対して疑念と恐怖心を抱き始めたという。「本能寺の変」の半年前のことである。光秀とて浅からぬ姻戚関係もさることながら、長年にわたって信長＝元親の取次をしておきながら、事ここにいたって秀吉側に出し抜かれ、織田信孝を総大将とした今回の四国制覇は、思い余る悔しさも多々あったことであろうと強調されるのである。

加うるに「家康饗応役罷免」「秀吉の配下で中国攻め」「理不尽な国替えの上意」などの怨恨の相乗効果が積み重なり、さしもの忠臣・明智光秀も堪忍袋の緒が切れる寸前で信長弑逆を模索していた矢先に、重臣・斎藤利三が義弟の長宗我部元親を援けるべく、かつ信長の数々の非道（主君光秀への度重なる御折檻、また目に余る信長の非情な諸振舞い等々）を踏まえて主君光秀に謀叛の決行を進言し、光秀もこの一言で信長弑逆に踏み切ったのだとする……。

以上が今までの、一般的な通説である。

●斎藤利三は長宗我部元親の義兄だったのか

そこで立花京子氏の「朝廷関与・イエズス会黒幕説」や、藤田達生氏の「足利義昭黒幕説」とは異なって、一段とキナ臭さを感じる「斎藤利三煽動説」を主唱する桐野作人氏の『だれが信長を殺したのか』（PHP新書）を検証する。

〈（略）本能寺の変の政治的な背景に織田権力による四国政策のドラスティックな転換があったこと……それは天正八年（一五八〇）を画期として成立した信長の統一権力が遂行する権力編成と分国再配置に深くかかわっていたといえる。その焦点は長宗我部氏の切り捨てと三男信孝の処遇にあった。すなわち、天正三年以来、四国制覇をめざす長宗我部元親に対する放任政策から一転して、三男信孝の四国配置を実現するために四国国分令が発せられたのである。それは信孝を三好康長の養子にして四国東半を分国化するものであり、長宗我部氏との対立をより先鋭化することになった〉（前掲書）

桐野氏は、この信長の政策転換の背景として、次の二点を挙げる。

〈秀吉による瀬戸内東半の制海権確保と毛利水軍の弱体化が図られたために、対毛利の牽制勢力としての長宗我部氏の利用価値が減じたこと〉

〈本願寺降伏後の分国再編成の一環として、信長が三男信孝を三好康長の養子とすることで一門領を上方周辺に新たに設置し、信長の専制性をよりいっそう強化する基盤を創出しようとしたこと〉（いずれも前掲書）

そしてこの政策転換が、光秀にも大きく影響したというのである。すなわち信長と長宗我部元親との取次を果たしていた光秀だが、「長宗我部氏の利用価値の減退」によってその役目もなくなり、ひいては織田家における光秀の地位が低下する可能性にまで言及しているのだ。

桐野氏著作の引用を、私の注記入りで続けさせていただく。

〈（略）長宗我部氏が信長に服属して以来、明智と長宗我部の両家中にまたがって、斎藤・石谷《いしがい》・蜷川《にながわ》の三家を中心とし、斎藤利三を首魁《しゆかい》とする親長宗我部勢力が強固に形成されていた。利三は元親の義兄でもあった（①）。（中略）追い討ちをかけるように、利三の身上にも危機が訪れた。利三（と那波《なわ》直治《なおはる》）がかつて稲葉家を退散した一件が蒸し返されて、稲葉家と明智家のあいだで訴訟沙汰となり、その結果、信長が稲葉方に有利な裁定を下したうえに、一度は利三に自刃を命じたことから、利三は長宗我部氏問題と自身の身上という二重の利害関係により、信長打倒に積極的に関与する決定的な動機を形成したといえよう。

両家中にまたがる反信長勢力は、信長の四国国分令によっても分裂せず、むしろ結束を強めたと思われる。その過程で利三の主導権が強化され、光秀の叛意形成にも重大な作用を与えたとさえ考えられる。（略）

もっとも、光秀とその家中が謀叛に傾いたとしても、天下人であり安土城という堅固な城郭にいるかぎりは、謀叛は不可能だった。では、光秀がクーデターを決断した時期はいつだったのか。その回答を示してくれたのが、第五章で取り上げた新発見の光秀書状である（この書状は後述。傍点は引用者）。

五月二十八日の愛宕百韻当日に山陰の国人に宛てた書状のなかで、光秀は信長の命令で中国に出陣することを明言している。すなわち、謀叛のわずか三日前になっても、光秀はまだ決断していなかったことが明らかになった。光秀が決断したのは、翌二十九日、信長がわずかな供廻で上洛して本能寺に入ったことがわかってからであろう（引用中の「新発

見の光秀書状」については後述)。〉

桐野作人氏の『だれが信長を殺したのか』からの、だいぶ長い引用になってしまったが、私の素朴な疑問を率直にいわせていただきたい。

織田信長と長宗我部元親の取次役をしていた明智光秀の経緯というか、その流れの中の信長の変節は、やむ得ないことだったのだろう。

すなわち光秀がいったといわれる箴言《しんげん》、「仏の嘘は方便、武士の嘘は武略といふ」とのくだりからではないが、事の流れは当然のことだったのであろう。いわゆる武士の「朝令暮改」のたぐいである。

しかし傍点①の「利三は元親の義兄であった」のくだりはどうか。他の諸氏の著作でも、斎藤利三が長宗我部元親の義兄であったという表現に度々出会うのだが、利三と元親が義兄弟であるためには、利三の妹が元親に嫁ぐことが必要になる。

ところが、厳密には元親は永禄六年（一五六三）頃、幕府奉行衆の石谷兵部大輔光政《みつまさ》の娘を正室としている。すなわち、利三の兄・頼辰《よりとき》が石谷光政の娘婿となり、その妻の妹が元親に嫁いでいたのだ。またさらに元親の嫡子・信親《のぶちか》が頼辰の娘を正室に迎えているので、むしろ利三の兄・石谷頼辰の方が長宗我部元親と繋がりがきわめて深い。

本能寺の変後、明智方のかなりの者たちがこの頼辰の手引きで土佐へ脱出しており、利三の妻と於福《おふく》（春日局《かすがのつぼね》）もまた然りで、元親に厚遇されたといわれるのだ。

また、さらに天正十四年（一五八六）の秀吉の九州征伐に参戦した頼辰・信親はともども戦死をしてしまい、元親を深く嘆かせたというおまけまで付いている。

だから当の斎藤利三と長宗我部元親とは義兄弟ではない。利三の実兄（頼辰）の妻の妹が元親に嫁いだのであって、巷間で喧伝されていたほどの近しい関係ではなかったのだ。

つまり「姻戚関係」では決してなかったのである。

姻戚とは、結婚してできた親類である。利三にとっては兄・頼辰が石谷家に娘婿として入るため、姻戚関係とはその妻までで、その妹が元親の正室に迎えられても利三と元親の間には姻戚関係はありえない。

何とも表現ができない関係であると、私は東京都港区役所の戸籍係の方からもいわれたのである。

むしろ光秀の方が元親に対して、信長に臣従すれば安泰であると説得していた成り行きから、失態となり面子《めんつ》が丸潰れになったことは事実であろうが、法的には、この件に関して、利三が元親を思いやる可能性はきわめて低いはずだ。

なおかつ利三を首魁とする親長宗我部勢力が強固に形成されていた、ということには当たらないと思われるのである。

一方、利三がかつて仕えていた稲葉家との訴訟沙汰だが、これとても利三のプライベートな問題であって、光秀が信長打倒に積極的に関与する決定的な動機を形成したものの一つとは、到底考えられないのである。

●「三日前の手紙」に、光秀は何を書いていたのか

私が桐野氏説を奇異に感じるのは、いかんせん、斎藤利三の事変後の行動である。

本当に「光秀と利三の謀叛」であるのならば、当の利三が先頭に立って逸早く「四国方面軍」の副将であり光秀の娘婿でもあった津田信澄と相謀《あいはか》り、織田信孝・丹羽長秀等を討ち、かつ問題の長宗我部元親とも呼応して毛利軍とも与同させて、羽柴秀吉を挟撃すべきではないだろうか。

なぜならばこの時点で明智軍は、備中高松で苦戦中の羽柴軍の加勢に赴く役目ゆえ、本

能寺襲撃以前でも先発隊という名目で斎藤利三隊が山陽道を進軍しても危ぶむ者とてなく、長宗我部軍とはいくらでもコンタクトできるチャンスがあったわけだ。

かかる場合、まさか元親に何の連絡もなかったわけでもあるまい。

ところが肝心の利三は、あろうことか光秀ともども六月三日〜四日と近江平定に精力を注ぎ、秀吉の本拠地・長浜城を陥れ、なんとそこに入城している始末だった。桐野説を推進するのであれば、こんなところでマゴマゴしている場合ではないのである。しかも「山崎の合戦」で敗退後、堅田《かたた》に潜んでいた斎藤利三は生け捕りにされ、市中引き廻しの上、斬罪されてしまうのである。

しかも、利三と元親が与同した形跡がまったく見当たらない。

すなわちこれでは、桐野氏が主唱する「光秀と利三を謀叛に駆りたてたもの」の存在根拠が一切成り立たないのではないだろうか。

また、肝心の津田信澄も岳父の快挙になんら与同することもなく、逆に呆気なく織田信孝・丹羽長秀軍の不意討ちに遭い、堺にその首を晒されてしまったのである。

そこで長宗我部元親の末弟、親房《ちかふさ》から十七代目の当主である長宗我部友親《ともちか》氏の著書『長宗我部』（バジリコ刊）から引用する。

〈『元親記《もとちかき》』には、「斎藤内蔵助（利三）は四国のことを気づかってか、明智謀叛の戦いを差し急いだ」とある。これは明智光秀とその参謀格である斎藤利三が、四国の元親のことを考慮して謀叛の決行を急いだ、ということである。この記述をそのまま信ずることはできない。しかし、結果的に元親は明智光秀に助けられたのである〉

とあるが、私が前述したように、事変後に肝心の利三と元親の間には、なんらの脈絡（与同）もなかったのだから、むしろ元親は光秀でなく、本能寺を急襲した秀吉の手の内に助けられたことになるのだが……。

さらに長宗我部友親氏は、

〈一方、この知らせを受けた元親の嫡男信親は、海部《かいふ》城に手勢を集めて入り、この際一気に勝瑞《しょうずい》城を攻め落とす態勢をとった。そして、元親の命令を待った。好機到来とばかりに「本格的な総攻め」を元親に強く進言したのである。ところが、このときの元親の動きは不可解であった。岡豊城にいた元親はなぜかかたくなに動こうとはしなかったのだ。血気にはやる信親と元親の弟香宗我部親泰《こうそかべちかやす》ら重臣に時期を待つようにとどめている〉

というような状態で四国内の攻略はおろか、明らかに光秀・利三対元親の間には、なんらの脈絡も一切なかったことになる。

これではせっかくの桐野氏の著書の帯にもある「本能寺の変の仕掛け人、斎藤利三」云々も、勢い消極的にならざるを得ないわけである。

最後に、桐野氏の「新発見の光秀書状」について記す。ふたたび注記入りで『だれが信長を殺したのか』から。

〈愛宕百韻にはたして光秀謀叛の意図がこめられているのだろうか。そうだと断定するのをいささか躊躇《ちゆうちよ》したくなるのも、じつは光秀が愛宕百韻の当日、山陰の国人に宛てた書状があるからである。「福屋《ふくや》金吾旧記文書」(『阿波国古文書』三)に収録された写しで、これまでまったく知られていなかった史料である。(原文省略)

大意をとってみよう。(追伸)なお去年の春だったか、(家来の)山田喜兵衛《やまだきへえ》まで御内状をいただき、いつもお気遣いいただき歓悦しています。それ以来、便りができませんでした。遠く離れているので思うようにまかせず残念です。さて、(信長が)山陰道に出陣するように仰せになったことについて、その方面でご入魂になれたら、まことに喜ばしく思います。南条元続《もとつぐ》が内々にお示しのとおり、これまたご懇意にされている様子、(私も)満足している旨よくよく(南条に)申し入れたいと思います。したがって、山陽道に毛利輝元・吉川元春・小早川隆景が出陣するところとなり、羽柴秀吉と対陣しているので、今度の儀（出陣）はまず、その方面（備中）でつとめるようにとの上意です。（備中に）着陣のうえ、様子を見て（方向を）変え、伯耆国へ発向するつもりです。そのときは格別に馳走されるよう望んでいます。なお、去年以来、そちら（伯耆国）にご在城され、あなたのご粉骨、そして南条元続の二度のお働きは、ともかくご忠節が浅からぬところです。くわしくは山田喜兵衛に申し述べさせます――。

五月二八日　　　惟任日向守光秀（在判）福屋彦太郎《ひこたろう》殿　　御返報〉

〈（略）書状は本能寺の変の三日前、まさに愛宕百韻当日に書かれたものである。書いた場所は愛宕山の西坊威徳院か、下山したのちの亀山城のどちらかであろう。また内容から推察して、福屋彦太郎からの伯耆来援要請への返信として書かれたと思われる。（略）

福屋氏は石見国邑智《おおち》郡の国人で、本明《ほんみよう》城主だった。彦太郎は実名を隆兼《たかかね》といい、尼子《あまご》氏と毛利氏という中国の大勢力の狭間にあり、はじめ毛利氏に、ついで尼子氏に属している。（略）そしていちばんの問題は、この光秀書状を本能寺の変との関連でどのように位置づけるかということである。政変の三日前の書状なので、光秀の政変直前の心境の一端がよく示されている重要な史料だといってよい。この書状を読むと、政変三日前にもかかわらず、それを匂わすような言葉はいっさいなく、いたってふつうの内容である。（略）つまり、光秀は謀叛のわずか三日前でも、まだ謀叛を最終的に決断していなかったのである。あるいは決断できていなかったといったほうが正確かもしれない。たとえ叛意を抱いていたとしても、挙兵をいつ、どこで、どのようなかたちにするのか、まだ具体的に考えていなかったのではないだろうか。

そのように考えてくると、光秀が謀叛を最終的に決断したのはいつで、その直接的な契機はなんだったのかという疑問が生じる。それは信長の出方次第だったというしかない。天下人を打倒するには、隙や油断を衝くしか方法がないからである。

翌二十九日、信長がわずかな供廻とともに上洛して本能寺に入る。いたって平凡な結論だが、光秀が謀叛に踏み切ったのは、入京した信長の警固が手薄だったとわかったからだろう。『日本年報』上にも「彼（光秀）は信長ならびに世子が共に都に在り、兵を多く随《したが》へてゐないのを見て、これを殺す好機会と考へ、その計画を実行せんと決心した」とあるのもその傍証となる。

光秀は六月九日に細川父子に宛てた書状で、謀叛のことを「我等不慮の儀存じ立て候」（私が不意に思い立ちましたこと）と表現しているように、光秀にとっても、謀叛は性急な決断だったのである。だから、この新発見の光秀書状は謀叛直前の光秀の心情に迫れる貴重な史料だといえよう〉

以上、前掲の桐野作人氏の著書から長い引用をさせていただいたが、本書状が光秀の真物であるならば、我々に貴重な資料をご教授いただいたことに感謝を申し上げたい。

●偶然を必然に変えた、秀吉の早馬

「初めに光秀の謀叛ありき」の通説においては現在、一番完成度の高い説であると思い、長々と引用させていただいたのだが、さてここからが問題である。

すなわち、かねてから信長を討ちたいと密かに計画をしていた過程で、「福屋彦太郎」に書状を書き送った翌二十九日、はからずも棚から牡丹餅《ぼたもち》さながら、またとない千載一遇のチャンスが到来したので、六月一日に急遽一万三千の兵を集めて翌二日の早暁、本能寺を取り囲み信長を、また二条御所で信忠を弑逆いたした、ということになるわけである。

これは『信長は謀略で殺されたのか』(洋泉社新書)の鈴木眞哉・藤本正行氏の説とも大変似通っている。両氏は〈結論を言えば、光秀の謀叛が成功したのは、信長が少人数で本能寺に泊ったからだ。そういう機会はめったにない。また、光秀が疑われることもなく大軍を集め、襲撃の場所まで動かせる機会もめったになかった。光秀にとってこれらの好条件が重なったとき、初めて本能寺の変は成功したのである。すなわち本能寺の変は、きわめて特異な《環境》の下でしか発生しえなかった事件なのである〉と宣《のたま》うのだ。

畢竟《ひっきょう》両者の説は、信長がきわめて小人数の供廻りで上洛したからこそ、かねてから謀叛の意志があった光秀が、千載一遇のチャンスとばかり信長の隙をついて成功したことになる。

つまり桐野氏のいう「それは信長の出方次第」だったのである。

とするならば、信長がそんな隙を見せなかったら「本能寺の変」は金輪際発生しなかったことになるのではないか。それこそ「本能寺の変」は、きわめて特異な《環境》の下でしか発生し得なかった事件なのであり、光秀は謀叛のわずか三日前でも、まだ謀叛を最終的に決断していなかった、と言い切れるのだ。

したがって「本能寺の変」は、きわめて刹那的な光秀の妄挙ということになるのだ。

だから再度の繰り返しになるが、光秀には事変遂行に対する「理由」も見当たらず、また「計画」や「準備」すらなく、かつ事変後の的確な「対応」すらなく、ましてや、いわゆる「根回し」や「裏工作」に類することも一切見受けられなかったことを、はからずも両者の説が立証してくれているのである。

だがそこには、大きな落とし穴がありそうだ。

信長にこのような小人数の供廻りで上洛するような条件を設《しつら》えたとしたならば、けっして偶然がなせる業ではなくなって来るのだ。

すなわち、偶然が必然に代わり得るのである。

信長が安土城に鎮座ましましたり、万余の軍勢に取り囲まれていては、おいそれと謀叛など起こす隙《よすが》とてまったくない、と桐野氏も言われるからには、その偶然を必然とするために、どうしても信長を本能寺のようなところに、小人数の供廻りだけでの状態で誘い出すしかないのだ。

それこそ、私が「本能寺茶会」を重要視する所以なのである。

かくして羽柴秀吉は五月十七日の早馬で、高松城来援に着陣してもいない毛利軍が「五万計《ばかり》の大軍にて救援に押し寄せ候」と信長の出陣を誘い、信長も「天下布武」への最後の決戦とばかり自らの出陣を決めたわけである。

これにて信長上洛（誘い出し）の第一歩のお膳立てが整ったわけである。

●徳川家康も、光秀が「本能寺の変」の実行犯とは思っていなかった

「本能寺の変」に関して、光秀の謀叛の動機解明として、「単独犯行説」から「朝廷黒幕説」「足利義昭黒幕説」「イエズス会黒幕説」の各黒幕説、そして「斎藤利三煽動説」や「徳川家康共犯説」まで展開して、さまざまな揣摩臆測《しまおくそく》が飛び交っている。

ところがきわめて不可思議なのは、「××黒幕説」を主唱している割には、この事変後の各々の説が、肝心の光秀にまったく関与していないことだ。

恐らくそれは、光秀はこの事変の十二日後の「山崎の合戦」であえなく敗死してしまうのだから、事変までの光秀による「信長謀殺」の動機探しにのみ躍起となり、つまり「探偵ごっこ」に終始しているからではないだろうか。

歴史は「流れ」であるのに、その後の展開、もしくは結果についてその説の責任を一切

取らない。だからそこに歴史の脈絡が見られない。

だが「本能寺の変」はけっして六月二日で終わったわけでなく、歴史的真実はその後も絶えず流れているのだ。

そこで私は、「羽柴秀吉主犯説」を縷々《るる》と主唱してきたのである。すなわち「本能寺の変」に関わる信長・光秀の歴史事象に触れるのは最小限に留め、「事変後」の趨勢、またはそれに隣接する事象を凝視しながら、実証史学に基づく「秀吉の陰謀」の徹底解明をひたすら追求してきたのである。

本書は、いうなれば織田信長・明智光秀に莫大な保険金を掛けてそれを謀略で弑逆し、天下の遺産をごっそりその掌中に収めた男を、烈しく糾弾する物語なのだ。

本書の掉尾《とうび》にあたり、高柳光壽氏の一文を掲げたい。

〈徳川家康は、光秀遺愛の槍を、家臣の水野勝成《みずのかつなり》に与える時に、《光秀にあやかれよ》と明言している。もし後年のように、光秀が信長殺しというのであれば、あやかれとは自分を殺せとの意になる。だから家康も光秀をもって信長殺しとみていない証拠である。つまり《光秀を主殺し》にしてしまったのは、江戸時代の儒学からである〉（『歴史読本』昭和

四十二年十一月号）

●『本能寺の変　秀吉の陰謀』＝補遺《ほい》。新事実が発見される……

拙著は平成二十五年（二〇一三）に出版した四六判を、文庫版に改訂したものと冒頭でもお断りしたが、平成二十六年（二〇一四）六月に、天啓ともいうべきニュースが飛び込んできたのである。

すなわち岡山市・林原美術館の古文書群から、「長宗我部元親から、斎藤利三に宛てた書状が発見された」と同美術館が発表したのだ。しかも「元親が、信長に恭順する」という内容であり、予想だにしなかった元親の書状に私は欣喜雀躍したのである。

同美術館の公式サイト発表、および「NHK特別番組」、「読売新聞紙上」によれば、

◇一通目は斎藤利三が天正十年一月十一日に空然《くうねん》（註一）に宛て「頼辰（註二）を派遣する旨を伝えると同時に、空然に元親の軽挙を抑えるために依頼したもの」とあったのだ。

◇そこで問題の長宗我部元親は、「本能寺の変」間近の同年五月二十一日に斎藤利三に宛て、「甲州征伐から織田信長が帰ってきたら（多少の条件を請うて）その指示に従いたい」と記して、やっと信長に恭順の意を示す内容だったのである。

＊（註一）空然＝幕府奉行衆石谷光政。斎藤利三の実兄・頼辰を長女の入り婿に迎え、次女を長宗我部元親に嫁がす。すなわち頼辰・元親の義父にあたる。

＊（註二）頼辰＝前述の斎藤利三の実兄、石谷頼辰。

これで明らかになったように、明智光秀・斎藤利三主従にとって、長宗我部元親への度重なる説得が功を奏し、後は光秀による織田信長への懐柔策に賭けたことであろう……。

ただ元親の返書が五月二十一日と、事変まで十日もない瀬戸際であったから、はたしてその懐柔策が功を奏したかは定かではない……だがこの主従の間には、間違いなく一抹の明るさ、安堵感があったはずである（また近畿—土佐の距離感からいっても、利三宛元親の返信の到着が物理的に間に合わなかったことも考えられるかもしれないが……？）。

ところが六月二日早暁、突然の「本能寺・クーデター」が勃発し、京都周辺に駐留していた光秀・利三主従は、まさかの「日向守様、御謀叛！」の渦中に引きずり込まれることになってしまったのである。と同時に、たとえ結果的に信長懐柔策が不成立であったとしても、即、桐野作人氏が主唱する「斎藤利三煽動説《せんどうせつ》」に切り替わる由とて到底ないはずだ。

逆にもう四国問題に煩わされることもなく、今度は自分たちに降りかかってきた火の粉を振り払うべく、光秀主従は事変後まず近江・美濃平定に力を注ぎ、六月五日に利三は長浜を陥れる。ここに初めて、「なぜ事変後、利三は元親と与同しなかったのか？」、「また四国に在った元親も、なぜ動く気配がまったくなかったのか？」が、これらの新発見の書状で改めて納得した次第であり、ここにまた「明智光秀冤罪説」が再浮上してくる所以があるのだ。

そもそもこの「四国政策原因説」が成り立った背景には、

◇光秀が元親との取次を外され、大いにその面目を失っていた上に、

◇通説では義兄の利三が元親を救うべく、『元親記』にある「斎藤内蔵助は四国のことを気づかってか、明智謀叛の戦いを差し急いだ」とある件《くだり》を主題として成立した……。

という点にあったのだが、この『元親記』とは著者・高島孫右衛門《たかしままごえもん》が、主君・元親の三

十三回忌に当たる寛永八年五月に、元親を偲んで事変から四十九年後に書かれた回顧録でもあるから信憑性にも乏しく、かつ「本能寺の変」は光秀の謀叛と決めつけられた時代の所産でもあるから、二次史料以下の物といえよう。

ところがこの『元親記』のこの件を金科玉条に仕立てて、「斎藤利三煽動説」や「四国政策原因説」などを無理矢理に構築させてきた歴史観こそ、無理が生じる原因になったのである。

とにかくこの新発見の二通の書状が、見えにくかった「四国政策原因説」という誤説をクリアーにしてくれたのである。

あとがき

『老人雑話』（註一）に、「信長は堺滞在中の家康を、折を見て殺害する予定であった」とあるが……信長ほどの武将ともなれば矜持《きょうじ》もあり、「窮鳥懐に入れば猟師も殺さず」の喩《たと》えではないが、そんな騙し討ちなどはしなかったであろう。

かつ信長が単身で乗り込んだ折の小谷《おだに》城主・浅井長政の振る舞い、またまさに懐に飛び込んできた石田三成を生かした家康も然り……だが梟雄《きょうゆう》として人一倍残忍な斎藤道三、羽柴秀吉は別であろう。道三と秀吉は、平然として主殺しをやってのけたのである。

ところが『本能寺の変・４３１年目の真実』明智憲三郎《けんざぶろう》著に、「信長は家康殺害を光秀に命じたが、当の光秀が反撥して逆に本能寺で信長を討ってしまった」というのがある。

さらにアビラ・ヒロンの『日本王国記』を持ち出して、「（信長が）口に手をあてて、余は余自ら死を招いたなと言った」という落ちまで付いていて一驚した次第である。

では信長が家康殺害の指令さえ出さなかったら、光秀の謀叛はなかったことになるのであろうか。また一方この説で行けば、本能寺の変を知った家康は、なにも危険を冒してまでも慌てて「伊賀越え脱走劇」をする必要もなく、堂々と光秀に送られて京都を発つことができたのではなかろうか（［註二］『老人雑話』＝寛文四年［一六六四］に百歳で没した江村《えむら》専斎《せんさい》という医者が語った話を聞き書きしたものという。光秀関係では、「光秀は初め細川藤孝の家臣だった」。また光秀が語ったとする箴言として「仏の嘘は方便、武士の嘘は武略といふ」が有名）。

☆

さて領地拝領御礼のために伺候した徳川家康は、織田信長から安土城で手厚い饗応を受けた後、遊山のため上洛して、本能寺近隣にある茶屋四郎次郎清延《ちややしろうじろうきよのぶ》の邸宅に逗留し、まずは京見物、やがて五月二十九日早朝、信長の上洛（午後四時頃）を避けるかのように堺に向けて出立し、信長の「御茶頭《おさどう》」の一人の今井宗久がその宿舎を訪れた。

（五月二十九日）

「徳川殿堺へ御下向ニ付、為御見廻参上、御服等玉ハリ候」

（『今井宗久茶湯日記書抜』）

翌一日、同じく「御茶頭」の一人・津田宗及邸での茶会記（『天王寺屋自會記』）が残っているので、その茶会記の情景を垣間見ると、

◇床に「船子繪《せんす》」を掛け、蕪無《かぶらなし》の花入に萩を活けてあり、葭棚《よしだな》に桶の水指、合子《ごうす》の建水。釜は姥口《うばぐち》の名物釜を懸け、茶碗は大名物《おおめいぶつ》の灰被天目《はいかつぎてんもく》と松本善好の名物茶碗。

また振舞《ふるまい》（懐石料理）の半ばで家康が、宗及の息子の隼人《はやと》に糟毛《かすげ》色の馬をプレゼントするなど、豪華で長閑《のどか》な昼下がりの一時《ひととき》を堺で過ごしていたのだ。

この堺・津田宗及邸での茶会とまさに同時刻、京都・本能寺では地下人《じげにん》の島井宗室・神谷宗湛が遠く下座の次の間に控え、関白・近衛前久を筆頭に山科言経・勧修寺晴豊を含む約四十名の公卿衆が信長に謁見し、談笑に花を咲かせていたのである。

……あたかも音楽家が珈琲を片手に「交響曲第九番」の楽譜に見入りながら、第四楽章の歓喜の大合唱を自分の脳裏に朗々と響かせているように、私は折に触れて、さまざまな茶会の中に迷い込んでいる。

すなわち、この天正十年六月一日の『天王寺屋自會記』と山科言経の『言経卿記』を同時に机上に置き、ふと眼を瞑《つむ》ると、まさに「仮想的現実空間《バーチャルリアリティ》」と言うべきか、四百三十三

年前の六月一日、「本能寺御成御殿」と「堺の津田宗及邸」での出来事が手に取るようにありありと再現されて……信長や家康の満足そうな笑い声が聞こえてきそうだ。

これは紛うことなく、この日・この時刻に実在した事実であり、織田信長・徳川家康にしても、明朝出来《しゆつたい》する大事変を前にした、まさに嵐の前の静けさ、長閑さであったのだ。

「本能寺茶会」に端を発し、信長の「御茶湯御政道」の一端に触れながら、周到緻密に仕組まれた「秀吉の陰謀劇」を糾弾して、私なりの「本能寺の変」をまとめてみたが、読者諸氏にはおかれては、はたしてどう受け止めていただけたであろうか。

とまれ「初めに光秀の謀叛ありき」という通説に雁字搦《がんじがら》めにならず、本書を捨て石として「本能寺の変」論争の観点に新たな息吹を感じていただけたら幸甚です。

平成二十七年十二月

井上慶雪

（付記）「明智光秀公顕彰会」は光秀公の事績を正しく広く伝えることを目的とし、毎年六月十四日に「光秀公の法要遠忌《おんき》」と「記念講演会」を行なっています。（参加自由）

天台真盛宗総本山・西教寺内。「明智光秀公顕彰会」事務局 〇七七—五七八—〇〇一三

（アクセス・JR「京都駅」より「湖西線・比叡山坂本」駅下車後、バスかタクシー）

参考文献

『原色茶道大辞典』（淡交社）
『利休大事典』（淡交社）
『茶道古典全集』（淡交社）
「今井宗久茶湯日記書抜」、「天王寺屋會記」
「松屋會記」、「宗湛日記」、「利休百會記」、その他
『茶道全集』「巻の十二」（創元社）
「仙茶集」「松山吟松庵注解」
『明智光秀公顕彰会』刊行・諸資料（大津市・西教寺）
『兼見卿記』第一（続群書類従完成会）
『兼見卿記』第二（続群書類従完成会）
『当代記』史籍雑纂（続群書類従完成会）
『言経卿記』大日本古記録（岩波書店）
『家忠日記』続史料大成（臨川書店）
『晴豊記』続史料大成（臨川書店）
『多聞院日記』続史料大成（臨川書店）
『本能寺の変・山崎の戦』高柳光壽（春秋社）
『明智光秀』　高柳光壽（吉川弘文館）
『戦国人名辞典』　高柳光壽（吉川弘文館）
『足利義昭』奥野高広（吉川弘文館）
『安国寺恵瓊』河合正治（吉川弘文館）
『織田信長家臣人名辞典』谷口克広（吉川弘文館）
『明智光秀』小和田哲男（ＰＨＰ研究所）
『だれが信長を殺したのか』桐野作人（ＰＨＰ研究所）
『信長は謀略で殺されたのか』鈴木眞哉・藤本正行（洋泉社）
『信長と十字架』立花京子（集英社）
『本能寺の変の群像』藤田達生（雄山閣出版）
『検証　本能寺の変』谷川克広（吉川弘文館）
『「武功夜話」のすべて』滝　喜義（新人物往来社）
『信長公記』奥野高広・他（角川ソフィア文庫）
『信長公記』現代訳　榊山　潤（ニュートンプレス）
『川角太閤記』現代訳　志村有弘（勉誠社）
『明智軍記』二木謙一（新人物往来社）
『本能寺と信長』藤井　学（思文閣出版）
『真説　本能寺の変』立花京子・桐野作人・他（集英社）
『備中高松城水攻の検証』林　信男（高松城址保興会）
『長宗我部』長宗我部友親（バジリコ）
『織田信長総合事典』岡田正人（雄山閣出版）
『図説・戦国武将１１８』谷口克広・他（学習研究社）

『山崎合戦』秀吉、光秀と大山崎（大山崎町歴史資料館）
『明智日向守光秀祠堂記』（福知山市・御霊神社蔵）
『明智光秀家中軍法』（福知山市・御霊神社蔵）
『相原七郎左衛門尉平家次侯御家譜』（福知山市・御霊神社蔵）
『アメリカの小学生が学ぶ歴史教科書』ジェームス・M・バーダマン・他（ジャパンブック）
『週刊　新説戦乱の日本史』中国大返し（小学館）
『日本の合戦』高松城水攻め・山崎の合戦（講談社）
『河原ノ者・非人・秀吉』服部英雄（山川出版社）

祥伝社黄金文庫

本能寺《ほんのうじ》の変《へん》　秀吉《ひでよし》の陰謀《いんぼう》

平成27年12月20日　初版第1刷発行

著　者　井上慶雪《いのうえけいせつ》
発行者　竹内和芳
発行所　祥伝社《しょうでんしゃ》
〒101－8701
東京都千代田区神田神保町3－3
電話　03（3265）2084（編集部）
電話　03（3265）2081（販売部）
電話　03（3265）3622（業務部）
http://www.shodensha.co.jp/

印刷所　堀内印刷
製本所　ナショナル製本

　ISBN978-4-396-31682-2 C0121